心に沁みる大人の日本旅情

鄙《ひな》び旅 鄙《ひな》び宿

文・写真◉道民の人

二見書房

※本書掲載の記事、情報は取材時のものです。
※本書は鄙び旅をテーマにした旅行記であり、旅の情報誌ではありません。そのため宿の住所、電話番号、ホームページ、宿泊料金などの詳細な情報は記載しておりません。ご興味のある方はご自身でお調べになっていただきますようお願いいたします。

心に沁みる大人の日本旅情

鄙《ひな》び旅 鄙《ひな》び宿

おしながき

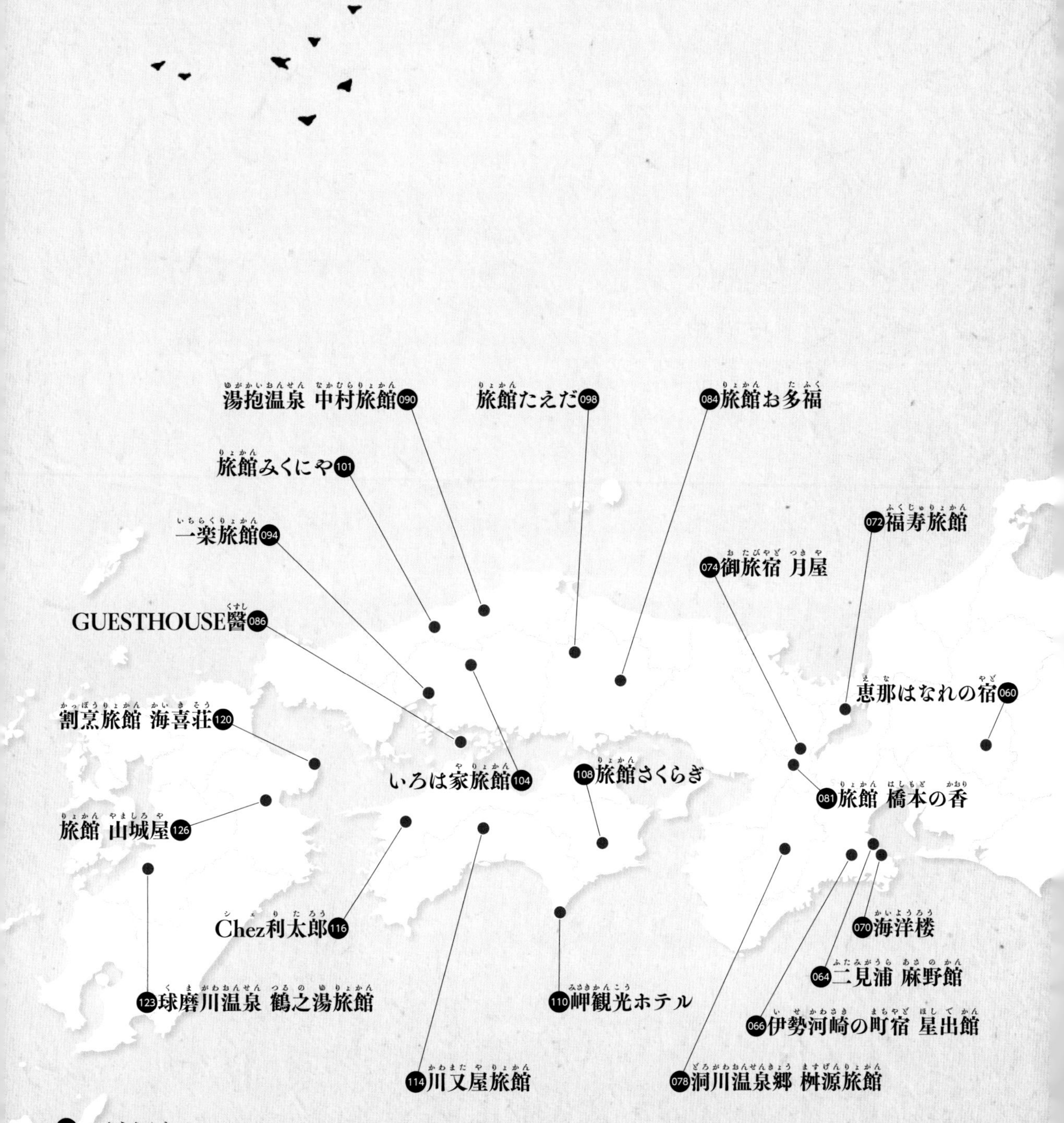

ごあいさつ

本書の著者は北海道で生まれ育ち、自身のアイデンティを「道民の人」(＝北海道民)というペンネームにして活動を続けている紀行写真家だ。

氏が視線を向ける先は、日本各地の限界集落、鉱山、旧家跡、産業遺産や廃墟、さらに離島などなど。いわば消えゆくもの、儚き世界、侘びや寂びや鄙びが彼の興味の対象だ。建物だけでなく、その土地全体の歴史と暮らしてきた人びとの記憶や想いなどを直接訪ねて見聞きし、記録し続けている。

取材や撮影の旅をすれば、当然、その土地の宿に泊まる。そんなとき、高価なホテルや味気ないチェーン展開のビジネスホテル、安いだけのユースホステルに泊まるよりも、土地に馴染んだ枯れた宿で荷を解いたほうが身も心も安らぐ。

建物はたとえ古くみずぼらしくとも、先祖や主人、女将の長い人生や私念が染みつき、長い歴史を刻んできた宿――まったり、しっとり、ゆったりとやさしく心がほどける宿は、そんなトポスにパトスが留まったような宿なのだ。

そして、そんな宿も実に多様だ。商人宿、歴史深い温泉宿、元は遊廓や異業種だった転業旅館、廃業寸前の宿などなど。それぞれに土地や物語、営む人、住まう人に魅力があり、さらなる旅情を誘ってくれる。

本書は、道民の人が各地を旅する間で実際に泊まり、時に主人らと語らい、少しずつ拾い集めた〝鄙《ひな》びた宿〟40軒を、あますことなく情緒深い写真と文章で構成した。この本を手に取った感性豊かな読者ならば、写真の1枚1枚から十分にシンパシーを感じ取っていただけることだろう。

おっと、ちなみに本書は家族や友だち、恋人と行く旅の参考書にはあまりならない。似合うのはひとり旅――心と体に疲れを感じたら、ふらりと知らぬ土地に旅に出るのがいちばんだ。

そんなとき、本書があなたのお役に立てれば幸いである。

北海道・東北

旅館 十一塩屋

濁川《にごりかわ》温泉《おんせん》 新栄館《しんえいかん》

北海道茅部郡森町字濁川

明治時代に建てられた内湯内部。明治の頃は浴槽も木造だったが、昭和になってコンクリート造にしたとのこと。「昔は浴槽に直でお湯が噴き出してた。いつの間にか止まってしまったので今は汲み上げ式にしたが、すぐ下から湧いてるからまわりの温泉のどこよりも新鮮で温度もいいのが自慢」とは三代目主人の談。たしかにアツアツのお湯だ。とくに一番手前側の浴槽は源泉が直接入るので46度以上という高温。最初、知らずにこの浴槽に入ってしまい火傷するかと思ったが、ほかの浴槽は43度前後の温度になっているので安心。

北海道の旅情——
鄙《ひな》びた木造旅館は
明治から続く温泉宿。

のどかなカルデラ内の農村部に、温泉宿や温泉施設がぽつぽつと点在する濁川《にごりかわ》温泉。

その中でも、ひときわ歴史が長い宿がこの新栄館である。旧館を「明治館」「大正館」と呼ぶことからもわかるように、創業は明治33（1900）年。内湯の床には湯の華が積もっていて、道内では非常に珍しい湯治宿の趣《おもむき》を現代まで残した宿である。三代目主人と息子の四代目主人で切り盛りされ、1日2組程度のみの宿泊のほかは、日帰り入浴がメインになっている。

木造の背の低い玄関を開け、呼び鈴を押すが誰も出てこない。窓に貼られた案内紙に「反応がないときは次の電話番号に連絡を」との旨があったので電話をしてみたが、やはり出ない。どうしたものかと、北の秋の寂しくも暖かい夕陽が射す玄関に腰かけること10分、奥の調理場から慌てた老爺が出てきた。

この方こそ、この宿の三代目主人だった。裏山で野良仕事をしていて、電話が聞こえないこともあるらしい。

別棟になったきれいな新館に通されたが、「古い建物が好きならぜひ旧館の内湯に」と言われる。風呂道具を持って今一度旧館の廊下を進むと、古ぼけた階段が下方へ続いていた。柱や床は歪《ゆが》んでいるが、それもまた長い歴史の趣というものだろう。

ギシギシときしむ階段を下りきった先が内湯だった。明治後期の浴室を補修しながら利用し続けているというその内部を見た瞬間、感動に震えた。

年季の入った湯治小屋の中に、油のような匂いがわずかに香る湯で満たされた浴槽が三つ揺らめいている。なかなか熱めのお湯だが、窓から冷たい風が入り込む秋の夕暮れにはこの湯加減でちょうどよく、じっくりと入ることができた。浴槽に腰かけて休んでいると、皮膚がピリピリするような感覚がある。お湯が新鮮な証拠だ。

夕食は四代目主人自慢のジビエ料理。腕は相当なものだ。また、三代目主人がご機嫌の際は、主人自ら夕食と一献《いっこん》を共にしてくれるというサービス（？）がつくらしい。私の宿泊時は残念ながら早くに休まれていたが、次に泊まることがあればぜひお願いしたいものである。

北海道でもこうした趣深い宿があるのはうれしい限りだ。四代目がおられるとはいえ、鄙《ひな》びた温泉宿は設備トラブルなどでいつ廃業になってしまうかわからないというのが実情である。

少しでも長く今の形で営業を続けられてほしいと願わずにはいられない。

宿外観。手前右側の新館（昭和末の築）と、奥側に構える旧館（左側が明治創業時の建物。のちに右側を大正期に増築）で構成される。

脱衣所に置かれた戦前期の鏡。旅館にはこうした酒造会社や地元業者から寄贈された鏡や時計、温度計といった品々があり、それらを見て回るのも鄙び旅館の楽しみだ。こちらの鏡は「菊泉」という、かつて函館にあった酒造会社のもの。

内湯へ向かう階段。1階から沢の下へ向かう階段がある構造は、東北や関東甲信越の山間部にある湯治宿を彷彿とさせる。

昭和10年の木板に書かれた温泉分析書。「温泉 壹種」の字に時代を感じる。

光栄旅館《こうえいりょかん》

北海道札幌市中央区南五条東

最北の歓楽街の光と闇を語る連れ込み宿の残滓《ざんし》。

札幌のすすきのは、新宿の歌舞伎町、博多の中洲と並んで日本三大歓楽街と呼ばれる華やかな街。光栄旅館が立つ通りは、すすきのの中心から東に位置する豊平川《とよひらがわ》沿いのエリアだ。この辺りは歓楽街の外縁部で、飲食店が売春斡旋を行う、いわゆる〝ちょんの間〟や連れ込み宿が多数存在していた。

　それらは平成20年頃に一部が暴力団関係者の資金源となっていたことから摘発され、軒並み廃業か転業に追い込まれて姿を消したのだが、唯一生き残ったのがこの旅館である。

　午後4時頃、玄関をくぐると女将が出迎えてくれた。薄暗い木造の館内にタバコのヤニが染みついた壁、「札幌中央地区旅警連会員証」という看板が目に

すすきのの外れに佇む旅館。女将によれば戦後すぐの建物とのこと。札幌は新しい建物が多いが、このように古い建物がぽつねんと残っている所も多い。

玄関入口。豆タイルと窓の面格子が昭和レトロな雰囲気。到着時は女将が窓を拭いていて、ほのかに蚊取り線香の匂いがやんわりと漂っていた。

玄関窓の金色の旅館名。柄の入ったデザインガラスも相まっていい味。

2階、トイレ前の流し。深夜の孤独を感じる雰囲気。廊下は全体的に薄暗く、ほんの十数年前までここを娼婦と男たちが歩いていたのだ。その時代に思わず想いを馳せる。

玄関。右手にフロントの札があり、女将がタバコを吸いながら昔話を聞かせてくれた。話を聞いている間、宿泊時に市内で発生していた事件関係者が泊まりにきていないかと北海道警が聞き込みにやってきて、ドラマのような世界だった。

入り、〝そうした場所〟独特の雰囲気を醸《かも》し出していた。

短冊型の古めかしい宿帳に名前を書いていると、「いいカメラだねぇ。写真撮りにきたのかい？ ココのこと、どれくらい知ってる？」と女将が妖《あや》しく訊ねてきた。

現在70代になる女将は、連れ込み宿兼ドヤとして営業してきたこの旅館の経営者家族の出身で、若い頃は札幌や東京の飲み屋で働いていたという。ゆえに夜の世界に抵抗なく、筆者にも当時の生々しい話をタバコを片手に朗々と語ってくれた。

「うちは当時30分で1000円、1泊3000円でお客さんを入れてた。ここらへんの連れ込み宿は立ちんぼじゃなくて、まわりの居酒屋が男の人に女の子を紹介してくるのがほとんど。だからあの頃は、街ぜんぶが家族とか組合みたいだったね」

そう話す顔には懐かしさが浮かんでいた。

初夏の夕刻、玄関前の通りからは車の音や通行人の足音がひっきりなしに聞こえてくる。すすきのの浄化は進み、連れ込み宿もラブホテルが取って替わるようになった。戦後のすすきのを生き抜いてきた光栄旅館は今、町はずれの格安宿となり、私のほか2人ほどいた宿泊客は観光客ではなく、近くの現場へ来た工事関係者だった。廊下は常に薄暗く、部屋には空調がないので夏は窓を開けっぱなしにする。夜になると窓の外から時折酔った人たちの騒ぎ声が聞こえてくるが、道路幅が広く、町はずれのこの場所にあってはすぐに夜の街の闇に吸い込まれるように消えていく。古い下宿にいるような雰囲気のひと晩だった。

話に花が咲いたからだろうか、女将は私のことをすっかり気に入ってくれ、普段は出していない朝食まで用意してくれた。すすきのはほかの歓楽街と比べて駅直近のシティホテルが充実しているが、昨今では予約が非常に取りにくくなっている。

興味があれば北の夜の街の残《ざん》滓《し》を残すこの宿に、一度宿泊されてみてはいかがだろう。

階段を上ってすぐ目の前の部屋へ案内される。6畳程度のこの小さな部屋に、かつては毎晩何組もの娼婦と男が出入りしていた。女将によれば「30分経ったらノックしにいくの。時間だよってね。声なんか丸聞こえだし、お客さんは丸裸で廊下を歩く人もいた。うちは客とのやり取りや会計だけはちゃんとしてたから、一度も捕まったことがない。だから今も旅館として続けられてるの」とのこと。空調設備はないが、扇風機やポータブルストーブの準備があり、ベッドはふかふかでぐっすり眠れた。

温湯温泉《ぬるゆおんせん》 後藤温泉客舎《ごとうおんせんきゃくしゃ》

湯治文化を今に残す みちのくの温泉街と宿。

青森県黒石市大字温湯字鶴泉

東 日本は温泉街が湯治場、温泉宿が湯治宿であった時代の名残《なごり》が色濃い場所が多い。黒石市の温湯温泉は、その湯治宿にルーツを持つ「客舎」が、外湯を中心に立ち並ぶ古い湯治場の姿を今に残している。

客舎は一般的な温泉旅館のような豪勢な建物でもなければ内湯もない。宿泊者はそこで自炊しながら、何日も外湯の浴場へ通って病の克服を図るのだ。

しかし、湯治を行う人が少なくなった現代では客舎の存在意義は薄れ、廃業や内湯を設けて温泉旅館化するものが相次いだ。その中で古《いにしえ》の客舎スタイルを今なお続けているのがこちらの後藤温泉客舎である。

正月の青森県、津軽平野は豪雪と地吹雪に見舞われる。雪の中に半分傾いた木造の建物や、昭和後期から平成初頭で時間の流れが止まったような情緒深い町並みが佇む風景を見ていると、子どもの頃を思い出して涙が出るほど侘《わび》しく、懐かしい感情が湧いてくる。温湯《ぬるゆ》温泉は、そんな失われつつある鄙《ひな》びた町並みが広がっている。色あせた温泉街の看板をくぐり、曲がりくねった狭い道を下っていくと、廃業して民家になった客舎の間に外湯の「鶴の名湯 温湯《ぬるゆ》温泉共同浴場」が現れる。

鄙《ひな》びた旅館に泊まる趣味を続けていると、予約は電話対応のみとしている宿がいまだにけっこうあることを知る。この宿もその一つで、年も暮れつつある頃に電話をかけると、津軽訛《なま》りの女将が対応してくれた。同じ方言域出身の私にはこれまた懐かしかった。

その声の主が玄関で出迎えてくれた。女将に案内された先は、入口からすぐ左隣の部屋。一般的な宿の感覚に慣れていると驚くほどに外との距離が近い。外窓から廊下を挟んで障子を開けたらすぐ部屋の中という位置関係に、いい意味で古い時代のうちとそとの境界の曖昧さを感じた。これなら冬場でも、部屋からすぐに外湯へ向かえる。

部屋にはストーブが焚《た》かれており、テーブルの上には女将のサービスのリンゴと宿帳、そして外湯の入浴券が一枚。

別年秋に訪問した際に撮影した、国道から温泉街へ入る角にある看板。塗装が剥げた風格が鄙びた雰囲気を醸し出す。

温泉街入口にある白泰商店。妻入り屋根と鏝絵の重厚な影が目を惹く。自分が生きてきた昔の雪国の風景そのもので涙が流れかけた。

玄関先のこけし灯籠の灯りが雪に反射する。黒石市は東北に点在するこけしの生産地の一つで、こけし形の灯籠を作って灯りにするイベントを行っている。

早朝の客舎前。息子さんが雪かきに精を出す。雪国では見慣れた光景だ。屋根の雪は下階からの熱で溶けて固まるのを繰り返すため、積もったばかりの雪よりも重くて固い。雪国の人にとって、雪と冬をどう生き抜くかは大変な問題だ。

部屋正面から廊下と玄関扉を見る。ガラス１枚向こうはすぐ外であり、冬場は身も凍るほど寒いが、温泉に浸かればすぐそれも忘れる。客舎建物の建築年代は実はよくわかっていない。しかし、少なくとも明治時代にはすでに存在していたという。

住居棟から宿泊棟を見る。この情緒深さと雪に音が吸われて耳鳴りがするほどの静けさは雪国ならではだ。

荷物を置いて宿の中と温泉街を歩き回ってみる。客舎は外湯に近い棟と、女将家族の住まいとなっている棟の二つに分かれている。その間は屋根のない中庭のような斜面でつながっており、冬場は堀状になった雪の回廊となっている。宿泊棟の奥側には自炊用の食器が並んだ棚や台所があり、今でも食材を買い込んで連泊する人もいるという。

お湯はアルカリ泉質で、ぬるゆという名前の割にかなり熱めで湯冷めしにくく、冬場の寒さでかじかんだ手足がよく温まった。あとで女将に訊ねたところ、「温湯《ぬるゆ》は『ぬるい』という意味ではなくて、津軽言葉の『ぬくだまる（よく温まる）』からきている」ときいて納得した。

外湯から出て客舎へ戻っても、古い建物特有の壁の薄さもあって、通りを歩く入湯客たちの声が部屋の中へ響いてくる。ときには外湯の中から風呂桶の置かれる音が聞こえてくるほどだ。

それでも外湯の閉業時間の午後10時を過ぎると、温泉街から途端に人気《ひとけ》が消える。日付が変わる頃には建物の電気は消え、街灯と玄関の灯籠《とうろう》、廊下の明かりだけが光っていた。時折強い雪風が吹いて、古いガラス窓がガタガタと揺れる。

街灯に雪の舞う影が見える様子に、北国の生活の思い出が脳裏に溢れ出て、胸を裂くような寂寞感《せきばくかん》が去来する。障子一つ隔てた外は、真冬の気温零下の世界だ。カーテンを閉め、部屋でひとり、雪のある生活の情緒深さに浸りながら眠りに入った。

早朝の客舎玄関から。雪国では冬になると、雪に光が反射して部屋の中がぼんやりと明るくなる現象が起こる。冬場の日照時間が少ない中で、この柔らかい光に包まれる室内が私は好きで仕方がなかった。

基本は素泊まりだが、事前に予約しておけば朝食つきにしてもらえる。今日の津軽は……やっぱり雪だ。

《岡崎旅館《おかざきりょかん》》

宮城県白石市字亘理町

宿の窓辺に畑で収穫したばかりの大根が広げてあるのが旅情を誘う。食事はこれら女将が畑で育てた野菜や漬物など、手作りのやさしいメニューが並ぶ。

白石城の城東地区に立つ岡崎旅館の立派な門。女将曰く、「小さい車ならこのまま門の中まで入れていい」そうだが、門扉の下部に明らかに車をぶつけた痕があり、やめておいたほうが無難。向かって右側の土蔵も昔は旅館として使っていたそうだが、震災頃に建物の老朽化が目立つようになったので今は使用していないという。

朝、食堂で女将と過ごすコーヒーブレイク。テレビの上の写真は創業者夫妻だ。

門の奥に佇む旅館建物。東北の太平洋側は冬でも雪が積もらない日々が多い。

城下町の門がある旅館には人懐っこいお婆さんがいて……。

白石に辿り着いたのは、冬が始まりかけた12月の頭、午後6時頃だった。福島県から車で宮城県に入り、看板を頼りに白石の町に向かって走ると、城下町らしい重厚な土壁の建物がちらほら見えはじめる。岡崎旅館はそんな建物に囲まれた通りで、ひと際大きな門を開けていた。奥に庭のような広い敷地が続いており、右側に明かりのついた建物が見えた。

「寒いとこよくきたねぇ」

人懐っこそうな声を上げる女将の吐く息が白い。雪が積もっていない東北の冬の夜は底冷えする寒さに覆われていたが、玄関に入ると一気に体が暖気に包まれる。通された一室に荷物を置いたあと、夕食をとりに玄関手前の食堂へ向かう。

やがて、女将がお盆をもって現れた。頭に三角巾を載せた、小柄なお婆さんがひょこひょこ動くさまは実にかわいらしい。

年齢は80歳を越えているそうだが、とてもそうは見えない。

　その日は自分以外に宿泊者はおらず、私がここへやってきた経緯を話すと、女将もこの旅館の生まれた経緯について語りはじめた。

　以下は聞いた話に基づいて調べ、補完した内容だが、この旅館はもともと白石駅前にあった岡崎ホテルの別館であった。白石は明治20（1887）年に国鉄奥州線（現在の東北本線）白石駅が開設されたが、その翌々年に地元の名士であった岡崎佐《さ》蔵《ぞう》が駅前旅館として岡崎ホテルを建造。息子の佐太郎の代の頃、親類であった岡崎豊松が今この旅館が立っている土地を購入し、肥料販売会社を設立すると、かなり繁盛し、一時は敷地に蔵が20棟あるほどの家になった。

　そして戦後、岡崎ホテルが手狭になったことから肥料会社の敷地を「岡崎別館」として改築し、今に至るのだとか――。

「主人が最近亡くなってね、息子たちも帰ってこないし、継ぐ気があるかもわからん。いつまで続けられるかわからないから、蔵も一つだけ残してあとは畑にしたんよ。去年あたりに辞めようか思ったんだけど、壊すのも惜しいしね。だから私がやれるうちはやるよ」

　東北弁や北海道弁は、話に独特のリズムや抑揚がある。女将の話し方はまさに東北弁そのもので、「～ね」「～っけ」などの語尾が小気味いい。聞いていると、まるで囲炉裏ぶちで昔話を聞いているようでいつまでも耳を傾けていられた。

　――朝、目が覚めると陽が昇ってすぐの6時台であった。散歩も兼ねて旅館の庭を散策しようと外に出ると、冷え切った空気が肌をピシッと引き締めて一気に目が覚める。霜が降りた庭は想像以上に広く、清らかな水路が脇を流れていく様子がいかにも古い城下町然としていて美しく思えた。

　宿に戻って食堂へ入ると、女将が私を待っていてくれた。ストーブの上には南部鉄瓶でお湯が沸かされており、シュンッシュンッ……という蒸気の音が響いている。朝食を終えるとそのお湯で美味なコーヒーを淹《い》れてくれ、帰り際には地元の名産品である白石温麺《しろいしうーめん》までいただいた。

　旅先での一泊というよりも、お正月の帰省先で過ごす時間のようなひとときだった。

食堂と広間の間から廊下を見渡す。白石城でのイベントなどで訪れた際、ここを定宿にしているお客さんも多いという。一番奥の部屋には、大河ドラマ『独眼竜政宗』で片倉小十郎役を演じた西郷輝彦のサインが飾られていた。

広間の欄間に施された十二支の意匠。大口の客を泊めるこちらの棟は、かつて白石城内の神社にあった御神木をいただいて建てたそうで、1本ですべて足りるほどの巨木だったとか。

朝焼けの玄関。大きな道路に面した立地だが、門の中では車の走行音もしないほど静かだ。

《強首温泉《こわくびおんせん》 樅峰苑《しょうほうえん》》

秋田県大仙市強首

夜の正門。代々当主が襲名してきた「小山田治右衛門」の表札が掲げられている。普段は提灯に灯りは入っておらず、お盆など特別な日にのみ点けるという。

主《あるじ》を失った大正時代の豪農屋敷は温泉宿となって生き残った——

秋田県大仙市は、国内最大の水田地帯である横手盆地北部、仙北《せんぼく》平野を中心に位置し、雄物川《おものがわ》がゆったりと流れるゆく豊かな土地だ。その雄物川《おものがわ》中流域のほとりに、強首温泉という農村の温泉地がある。

樅峰苑は昭和41年創業で、宿としての歴史はまだ浅い。だが建物は元豪農の屋敷「小山田家邸宅」を再利用しており、経営も400年以上続く豪農の子孫によって続けられている。古い建物を再利用する、いわゆるリノベーション物件が増えている昨今、元祖リノベの宿なのだ。

小山田家は戦前まで、秋田県北部一帯に約500ヘクタールの田畑を持つ大地主だった。江戸時代のはじめに秋田藩初代藩主、佐竹義宣《よしのぶ》が水戸から秋田へ国替えされたとき、藩主を慕って共にやってきたことに始まる家だといい、やがて強首村に定着すると、肝煎《きもいり》（村の役人の長。名主や庄屋とも）に任ぜられた。

強首村は雄物川《おものがわ》の左岸にあり、荷物の積み出しや水利に便利で、小山田家はその地理を生かして酒造業も営んだ。そうした当時の詳細は「小山田家史料」として今も宿で保管され、大正時代の大地震で再建された邸宅は、昭和41年から温泉宿として機能している。今では強首温泉で唯一の宿でもある。

小山田家邸宅、現強首温泉　樅峰苑。入母屋造りの千鳥破風、正面玄関の唐破風は、家というより城郭や寺社のような重厚感に満ちている。玄関には「日本秘湯を守る会」の提灯が揺れていた。

雄物川《おものがわ》沿いの水田地帯。赤とんぼが飛び交い、黄金色に色づいた稲穂が頭《こうべ》を垂れている。そんな農村部の一角に、こんもりと樹が生い茂る一角が見えた。旧強首村の中心地であり、先祖が屋敷のある場所の目印として植えたという樅《もみ》の木の下に樅峰苑は存在する。丹塗《にぬ》りが剥《は》げた門に、家紋入りの巨大な提灯が下がった姿はいかにも旧家然としている。

砂利が敷かれた庭を進むと、大正6（1917）年築の約200坪、高さ約15メートルの巨大な邸宅が見えた。その迫力に圧倒されつつ玄関に入ると、これまた巨大な廊下が見える。洋建築風の洒落た階段を上がると、大小に区画された客室が見えた。元が個人の屋敷なので区切り方が面白い。基本は10畳間だが窓がない6畳間もいくつかあり、一人泊の私は後者に泊まらせていただいた。

この宿は地元の食材や食文化にこだわっており、お米はもちろん秋田産あきたこまち、秋田の海の名産ハタハタ、地元で採

大廊下。小山田家の持ち山から伐り出された天然秋田杉を使った、長さ16メートルの一枚板が見事。奥の障子の向こうは大広間で、今は食事会場に使われている。

離れの浴室。時間制で貸し切り利用可。国内でも珍しい含ヨウ素泉だ。虫の声を聴きながら浸かっていると、浴槽の向こうに宿名の由来でもある巨大な樅の木が見えた。

2階廊下。細かいガラス板を桟枠でつなぎ一枚の窓板にした、いわゆる「お多福窓」が多用されている。秋の一日、外からは常に鈴虫や松虫の鳴き声が響いてくる。

れた山菜料理やいぶりがっこなどの漬物が並ぶ。

目玉は裏手を流れる雄物川《おものがわ》で獲れたモクズガニを使った川ガニ料理で、一人分作るのに3匹が必要だというモクズガニのカニみそは絶品だった。酒処秋田の地酒を豊富に取り揃えているのもうれしい。料理だけでなく、食事会場の部屋も見事だった。

1階の40畳の大広間で、歴代当主の写真が並ぶ欄間や墨書のある襖《ふすま》を見ていると、〝帰省先の本家宅で、大広間で親戚一同が会食している〟ような趣《おもむき》がある。

さて、現在この宿を経営されている主人は、初代から数えて十六代目の小山田家当主になる。しかし、その道は決して楽なものではなかった。主人が幼少の頃の小山田家では親族の死が相次ぎ、主人の父である十五代目が亡くなったのも母が30代、主人が小学校低学年のときだった。親族が集まり、これから家をどうしていくかを話し合った結果が、温泉旅館の経営だった。

試行錯誤を重ね、加温加水なし源泉かけ流しの温泉と食事にこだわり、当時の建物を守る今のスタイルに落ち着いたのは平成になってからだ。

古い建物を再利用した宿が増えた中でも、樅峰苑は建物に住んでいた一族直系の子孫によって経営され続ける珍しい形態の旅館であり、経営も仕事もすべて家族でまかなっている。

主人も女将も物腰穏やかで、とくに主人は、法被《はっぴ》の下はYシャツにループタイとスマートないでたちで、旅館の主《あるじ》というより大学教授のような雰囲気をまとった方だった。

ご先祖様さながらに、さまざまな公職を務めつつ、多忙であってもフロントに立って、私のような旅人にもわざわざ昔の写真を広げて話をしていただいた。

現在は十七代目の息子さんもおられるそうで、家の歴史とともに無事次世代が育っているのがうれしく感じられた。

2階廊下奥にある、広縁のような設えの休憩所。こういった宿の空間は、どうしてこんなに美しいのか。

擬洋風建築風の洒落た階段。大正期の当主がお抱えの宮大工に鹿鳴館に似せて造らせたという。

食事に使用されている1階大広間。この建物は大正時代、地震による倒壊で建てられた経緯から釘を使わない免震構造や、天井裏の金具を調整することで広間の柱が取り外し可能となる一種のカラクリのような仕掛けが施されている。歴代当主の写真や、かつて使用していた漆塗りの重箱、鎧、ラジオなど旧家を物語る調度品の数々も並ぶ。

鉛温泉《なまりおんせん》 藤三旅館《ふじさんりょかん》

花巻温泉郷の奥に佇む 宮沢賢治ゆかりの宿。

岩手県花巻市鉛中平

岩手県花巻市の鉛温泉 藤三旅館は、木造旅館に内湯、自炊施設、購買部が併設された大型湯治場の姿を保ち、観光客や現代的な旅行のスタイルに順応しつつ、いまだ湯治客へ門戸を開いている旅館である。

花巻市は岩手県の中央に位置し、市内西側の奥羽山脈の裾野にかけて花巻温泉、台温泉、志《し》戸平《どだいら》温泉、そして豊沢川沿いには西鉛温泉、鉛温泉、大沢温泉などが集中し、まとめて「花巻温泉郷」とも呼ばれる。花巻が誇る文化人、宮沢賢治も親類が花巻温泉郷で宿を経営していた縁で幼い頃から何度も訪れ、昭和初期には自ら花巻温泉遊園地の整備に携わっている。

私がこの一帯を訪れたのは、秋から冬にかけてのこと。花巻の町から山に向かって車を走らせると、やがて「鉛温泉」の看板が見え、川の斜面下に大きな3階建ての木造旅館が姿を現す。

向かって左側が本館で旅館用、右側の棟が湯治客用の建物で、2棟がつながる場所には「白猿《しろざる》の湯」と名づけられた有名な浴室がある。私は湯治部の宿泊だが、どちらでも1日単位から宿泊可能で、希望すれば夕・朝食もつけてもらえる。

湯治部棟の長い廊下には天井にスピーカーがあるが、時間帯によって各浴室の男女使用区分が切り替わるので、そのアナウンスに使われるらしい。夕食を食べ終えた頃合いにちょうどその知らせが聞こえてきたので、まずはシャワーがついている桂の湯に入り、深夜の誰もいない時間帯に白猿の湯に浸かった。

私は湯治宿の醍醐味が大きく分けて二つあると思っている。一つは古い浴室にひとり身を沈める時間だ。

そして、もう一つがひとりにはあまりに不相応な広さと時間の重みを持つ空間。それを深夜という情緒深い時間帯に独占するのは精神的贅沢の極みだ。時間さえ許せば、何泊でもしたいと湯壺に沈みながら、しみじみと思う。

朝起きると、晩秋の東北の山には蒼《あお》い霧が垂れ込めており、橋の袂《たもと》から見る旅館と山の紅葉が実に美しかった。名残《なごり》惜しいが、いつかこうした宿で数週間湯治の日々を過ごしてみたいと思いつつ、紅葉に染まった花巻の山を離れるのであった。

鉛温泉と豊沢川の風景。秋晴れと紅葉が美しい。

藤三旅館本館。昭和14年に一度失火で焼失しており、昭和16年に総ケヤキ造りで再建された。現在、こちらの棟は旅館部として使用されており、湯治部は右手の大きな棟になる。真っ赤に色づいた楓が見事。

川沿いに立つ藤三旅館、朝霧が美しい。河川法が改正されたため、現代ではこれだけ川に近い建築物は建てられないとのこと。

自炊部2階にある炊事場。ここで炊事のほか、食器を借りることも可能。窓際には洗濯機も並んでいた。

鉛温泉開湯伝説に由来する白猿の湯。澄んだ蒼い湯を湛えた浴槽は底まで深さ約1.25メートルもあり、立ったまま入る。体がよく温まる湯で、数時間おきに何度でも入れる。ただし、湯壺前に書かれた入湯法にあるように、入りすぎには注意が必要だ。入浴は意外と体力を使う。

藤三旅館客室。湯治客用の部屋は基本的に6～8畳の簡素なものだが、長期湯治を行う客のため家財道具を入れる棚もある。

夜の本館玄関前。現在、鉛温泉で残る旅館はここだけだが、昔はほかにも藤友旅館、藤徳旅館があった。宿名は創業者の「藤井三右衛門」の姓名頭文字からだ。

《賢治《けんじ》ゆかりの自炊部《じすいぶ》 湯治屋《とうじや》》

岩手県花巻市湯口大沢

今もなお湯治宿として続く木造旅館で極上の冬を味わう。

私には、どうしても行きたい湯治旅館があった。それが、鉛温泉へ向かう途中に存在するこの大沢温泉である。

私がこの宿を訪れたのは、鉛温泉（20ページ）を訪ねた数カ月後、寒波が襲う厳冬期だった。

その日はとくに冷え込み、東北各地で大雪とその年の最低気温が観測されていた。にもかかわらず私は冬山の廃発電所を撮影するため雪中行軍と渡河を行った結果、膝下まで水に濡れた状態で半日行動することになり、ほぼ足の感覚がない状態で大沢温泉へ向かうことになった。

早く宿に着いて温まりたいとはやる気持ちに、東北の山道は容赦ない地吹雪を浴びせる。だが、駐車場から見える大沢温泉の橙色《だいだいいろ》に包まれた明かりは身も心も冷え切った私の心を安堵させるには充分だった。受付正面の起《むく》り破風《はふ》をくぐると、昔ながらの帳場と待合室、そして右奥へと続く木造の薄暗い廊下が見えた。ストーブのぬくもりが行き届いた館内に眼鏡が曇り、忘れかけていた雪国の暮らしに懐かしさが込みあげる。

大沢温泉は湯治場の性格を今も保った宿で、帳場の隣には自炊用の食材なども揃った購買部がある。廊下の途中には食堂もあり、宿の中で日常生活が完結するようになっている。

湯治を申し込む場合は、布団の持ち込みや暖房などの備品の使用度合いによって変わる古《いにしえ》の湯治場の会計システムが踏襲《とうしゅう》されているそうで、現代でも廉価で本物の湯治を行える。かつての人の生活を知る上でも、旅好きとしても、やはり一度は本格的な湯治をしてみたいものだ。こたつに入りながら、湯治案内のパンフレットを真剣に読んでしまう。

自分の目の前にある光景を今一度見直してみる。12畳ほどの部屋にはポータブルストーブの低い唸り声が響いている。仕切りは襖《ふすま》一枚で、向かいの部屋からは話し声やテレビの音、そして時折外から地吹雪めいた風音が聞こえ、薄い窓ガラスをガタガタと揺らしている。

外は極寒の東北の冬だ。観光地化された温泉街ではないため、出歩く理由もない。食事をとれば、もう温泉に浸かる以外にすることもなく、安心して頭を空っぽにできる。

湯治宿の醍醐味の一つ、それは部屋で過ごす無の時間だ。本来、湯治は数週間単位で行うもので、その間は風呂に浸かるか部屋で休むかで、大沢温泉ではそんな何も考える必要がない湯

大沢温泉湯治屋入口。駐車場からしばらく下った坂の突きあたりで、凍結防止にホースから温泉水が撒かれている。昼間には湯治客へ配達にくる郵便屋さんの姿も見られる。

真冬の朝。これぞ「湯治」という世界を体現したような雰囲気が部屋、館内、風呂場、すべてに満ちている。中はストーブとこたつで暖かいが、外や廊下は真冬の刺すような寒さだ。朝明けて間もなくの部屋には、ストーブの音と雪風吹きすさぶ音だけが響く。

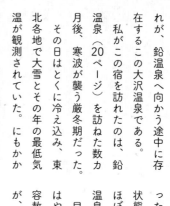

湯治屋中心部の廊下から中庭を見る。まさしく雪国の宿といった趣。ときどき宿泊者が歩いていく影が雪に映るのが情緒深い。

朝、布団や着替えの荷物を抱えた人たちの姿が。湯治を終え、帰宅する人びとである。

購買部。自炊用の食材のほか、生活雑貨やお土産品まで完備している。

治生活を今でも送ることができるのだ。医学が進歩した一方、時間や仕事に追われ続ける現代では、これこそ一番の湯治の効能ではないだろうか。

翌朝の出立前、帳場で番頭さんに「湯治に一番いい時期はいつですか？」と訊ねてみると、やはり真冬が一番いいとのことだった。虫もいないし、暖かいとつい外へ出たくなってしまうという。

「昔に比べれば湯治にこられる方は少なくなりましたけど、まだまだ大勢いらっしゃいます。湯治をやりたい？ 来年の今頃がちょうどいいですよ。でも一度湯治にくるとね、もう〝戻れなくなる〟んですよ。皆さん、残り3日くらいで滞在を延長されます」

――と、番頭さんは続けた。戻れなくなってもかまわないので、いつか本当に湯治をしてみたい……。

花巻への再訪を誓った鄙《ひな》びを求める心は、真冬の湯治宿の情緒深さにあてられ、さらに重症化していたのだった。

豊沢川にかかる高明橋から見た大沢温泉。名物の大沢の湯が見える。本書のカバー写真はこの風景の夜の顔だ。

《飯坂温泉《いいざかおんせん》　なかむらや旅館《りょかん》》

福島県福島市飯坂町字湯沢

明治館の総欅づくりの階段。彫刻が施された重厚な造り。東日本大震災を受けても上手く衝撃を逃がす構造をしていたためか、歪み一つなく現在もその姿を保っている。

奥州三名湯の一つ、飯坂温泉のシンボル的存在の瀟洒《しょうしゃ》な宿。

飯坂温泉は鳴子《なるこ》温泉、秋保《あきう》温泉と並んで「奥州三名湯」と呼ばれ、古くから松尾芭蕉や正岡子規など文化人が訪れていることでも知られる東北を代表する温泉地だ。福島市中心部からも近く、抜群のアクセスを誇る。車なら20分程度で、県庁所在地の町からこんなに近い場所に温泉街があるのは、ほかに愛媛の道後温泉くらいではないだろうか。最初に訪問した際はあまりの近さに面を食らった。

飯坂温泉はこうした立地のよさから時代を通して保養地として栄えてきた。現在、摺上川《すりかみがわ》周辺には大型観光ホテルが立ち並んでいるが、このなかむらやが立つ湯沢通りは飯坂温泉発祥の地として江戸時代以来の温泉街の姿を保っている。なかむらやは湯沢通りに立つ赤瓦に白壁漆《しっ》喰《くい》塗り3階建ての瀟洒《しょうしゃ》な旅館で、創業は明治24（1891）年。飯坂温泉のランドマーク的存在にもなっている。特に正面3階建ての建物は江戸時代末期頃に建てられたものを初代主人が買い受けたもので「江戸館」とも呼ばれており、鯖湖《さばこ》湯や旧堀切邸と並んで飯坂温泉の歴史的景観を形づくっている。

また、江戸館の左隣には「明治館」と呼ばれる明治29（1896）年に増築した別棟が立っている。こちらは欅《けやき》のほか、紫《し》檀《たん》に黒檀、鉄刀木《たがやさん》、黒柿など現代ではまず手に入らない貴重な材木が贅沢に使用されており、どちらも現在は国指定登録有形文化財となっている。

この宿をすすめてくれたのは福島市出身の友人で、「福島市方面に行くならぜひ飯坂温泉にきてほしい。それも『なかむらや』さんに泊まってほしい！」と、たっての希望だった。

湯沢通りに面して建てられた3階建ての旅館。江戸時代の建物とは思えないほど洒落た造りをしている。明治時代の擬洋風建築の小学校を思わせる。

飯坂温泉の高台からは福島市街地の遠景を望むことができる。また、ここには「大門湯」という飯坂温泉でも知る人ぞ知る共同浴場がある。お湯の温度は、なんと68.9度。熱い湯で知られる飯坂温泉でも高いことで知られる。さすがに湯舟では48度前後になっているそうだが、朝一番や湯口の近くでは60度前後になっていることもしばしばだという。試しに私も腕だけ突っ込んでみたが……結果は言うまでもない。

囲炉裏に帳場と昔ながらの宿の姿の玄関。大福帳や家紋があしらわれた提灯入れなど、和風旅館が好きな人にはたまらない風景だ。震災後に柱を増設したそうで、復旧工事でもっとも大事な作業であったという。

1階休憩部屋。向かいの足湯が見える。

明治館の中層にあるトイレは、欄間彫刻にガラス絵など当時の贅を尽くした造りとなっており、経営者家族にとっても自慢の品であるという。よく、あの大震災でも割れずに残ったものだなぁ……と感激することしきり。

トイレの天井は折り上げ格天井。すごい。

地元の人が「ここぞ」とすすめてくれた宿だけに、ていねいな心遣いと福島の地元の食材をふんだんに使用した食事を提供してくれる主人と女将には頭が上がらず、また見事な古建築の姿には息を飲むばかりであった。

もっとも目を惹くのは明治館の階段部分。欅《けやき》を贅沢に使った太柱と彫刻は目を見張るものがあり、またトイレの天井の透かし彫りとガラス絵は一級の芸術品を見るようであった。「二度と建てることができない」と言われる建物は、建築好きでなくとも一見の価値がある。

そして、この建物を守り抜くために経営者家族の並々ならぬ努力があったこともそのとき知った。平成23年に日本を襲った東日本大震災で、なかむらやも大規模半壊の被害を受けた。

倒壊は免れたものの、壁には亀裂、床や天井には歪みが無数に発生し、とくに天井裏の梁《はり》が何本も折れ、震災の前年に補修工事をしていなければ倒壊していたかもしれなかったという。

補修に10億円かかると言われ廃業も覚悟したが、常連の宿泊者や地域住民の支援もあり、なんとか行政の担当者を説き伏せて補修工事を進め、震災からわずか1年で営業を再開した。

震災から10年が経過した今でも補修工事は続けられている。なかむらやとその経営家族、そして飯坂温泉は見事に震災から立ち上がり、またコロナ禍も乗り越えたのである。女将たちの震災時の記憶やその後の苦労を聞いていると、実家周辺が壊滅的被害を受け、また風評被害に悩まされ続けた友人が「ぜひ飯坂温泉にきてほしい」と言った理由がわかるような気がした。

現在、宿泊は1日2組となっており、それぞれに江戸館、明治館が割りあてられる。どちらも三間続きの和室で、福島の地元の食材を使用した料理と内湯でゆったりとした時間を過ごせる。古きよき日本建築と穏やかな賑わいを見せる温泉街の風情を好む方におすすめの宿だ。

宿泊した江戸館の広縁。微妙に歪んでいるのが震災の恐ろしさを今なお物語っている。

江戸館と明治館の間にはステンドグラスを用いた明り取り窓がある。西陽があたる時間帯になると白壁に彩り鮮やかな光があたって非常に美しい。

朝食には飯坂温泉名物の「ラヂウム玉子」が出た。飯坂温泉は日本で初めてラジウムが確認された土地であり、それを記念して飯坂温泉駅近くの阿部留商店二代目主人が飯坂温泉の源泉で作った温泉玉子を「ラヂウム玉子」と名づけ販売を開始。以来、じわじわと人気が出て、今ではすっかり飯坂温泉の名物となっている。ラベルが昔懐かしいデザインのままなのもよい。

食事は部屋食。晩も朝もこんなに食べてよいものだろうか……と思うほどの量の品々が出てくる。これも福島産の美味しい食材を心行くまで食べていただきたいという主人の心遣い。右下はウナギのかば焼き。左上は福島県や山形県ではポピュラーな山菜料理であるアケビの肉詰めだ。

黒湯《くろゆ》の高友旅館《たかともりょかん》

宮城県大崎市鳴子温泉字鷲ノ巣

これぞ鄙《ひな》び——4つの源泉、7つの浴場、東鳴子の強烈な古宿。

鳴子温泉は宮城県、ひいては東日本でも指折りの温泉地で奥州三名湯でもある。だが、その手前にある東鳴子温泉をご存じだろうか？　鄙《ひな》びた旅館が好きな方には、こちらの東鳴子温泉を私はおすすめしたい。

鳴子温泉郷から鳴子火山群の山を挟んだ背に位置し、距離にしてたった数百メートルしか離れていないが、鳴子温泉の観光地らしい賑わいぶりとは打って変わった古風な雰囲気を残す東北の湯治場、地元の人のための温泉街といった場所だ。中でも格別の鄙《ひな》びた空気感を今にも残しているのが高友旅館である。

大正期創業の高友旅館の魅力は、建物の古さや傷みに対する多少の懸念など、体の疲れごと吹き飛んでしまう名湯の数々だ。広大な館内に源泉が異なる7つの浴場が存在し、そのときの体調や気分に合わせた好みの湯に浸かれる。女性用と男性用それぞれ完備された微発泡ラムネ風呂、美肌効果のある重曹泉、もっとも特徴的なのが鉄天然ラジウム泉を謳《うた》う「黒湯」である。

黒湯の暗緑色を湛《たた》えたお湯は、コールタールや石油、消毒用フェノール水のような強烈で独特な香りを放っている。おそるおそる指を入れてみると油膜のようなぬるりとした感覚があって、とても人が体を埋めていいような湯に見えない。匂いを嗅ぐだけでもクラクラしてくるが、意を決して入るとビリビリとした感覚に襲われ、体全体が湯にグッと締めつけられるような感覚になる。慣れていない人は湯あたりで倒れるくらい泉質が濃く、数分入って上がると、まったく湯冷めしないどころかかえって火照《ほて》るようで、体を拭いている途中で頭が呆《ぼう》とし、しばらく脱衣場の扇風機の風にあたることにした。だが、その頭が茹で上がったような脱力感から意識が戻ると、それまで溜まった旅疲れや脚の疲労感が一気に消えた。まるで温泉に疲労が溶けた……いや、抜けたような感覚で、本当に驚いた。

宿のホームページには「温泉の威力を感じて下さい」とあるが、文字どおり温泉の威力を体の芯まで叩きこまれた宿だった。

正面入り口。木造の立派な平屋建てに見えるが実は2階建てだ。

ロビー。ひと昔前の木造の温泉旅館のイメージがそのままな佇まい。ネットで苦情めいたレビューがよくあると聞いていた通り、確かに一部お世辞にもきれいとは言いがたい雰囲気はあるが、黒湯の評判は名高く、私が宿泊で到着したあとも夕方から日帰り入浴に来館する人の姿が多くあった。

館内旅館部。雨で傷んだ床や天井を通る中にも、ところどころに洒落た造りの窓や部材があり、戦前築の旅館であることを思わせる。

旅館内でもっとも奥にあり、「52年館」とも呼ばれる自炊部棟。こちらは鉄筋コンクリート造で、1階にもみじ風呂がある。

高友旅館の名物ともなっている黒湯の大浴場。この暗緑色のお湯、そして強烈な匂い。すべてが衝撃である。だが、名湯と呼ばれるだけのお湯なことは確かだ。体の疲れがどこかに消える。ちなみに手前の階段がついた浴槽は「プール風呂」と呼ばれているそうだ。

黒湯へ下りるホール前に置かれたままの木馬とマッサージチェア。木馬のほうは「1回20円」と表示板がついたままになっていたが……動くのだろうか？

女性専用の黒湯。黒湯の大浴場は基本混浴のため、気になる方はこちらを使用するとよいだろう。

《旅館《りょかん》十一塩屋《じゅういちしおや》》

福島県耶麻郡西会津町野沢字上原乙

山間の町の交通事情の変遷を見る老舗の駅前旅館。

西会津町はその名のとおり、福島県会津地方の最西部に位置する山間の町で、古くから越後街道（会津街道）の要衝《ようしょう》地として栄えた。

とくに野沢宿は会津と越後の国境手前に位置する宿場町で、大名の参勤交代や阿賀川《あががわ》の川運、明治以降は磐越西線が開業するなど繁栄を続けた。現在も野沢駅前と旧越後街道沿いの市街地には古い商家や旅館が立ち並ぶ風景が残っている。

十一塩屋もそんな街道沿いの町に古くから存在する宿で、越後街道野沢宿の脇本陣（大名が宿泊する本陣が使えない場合に泊まる予備の宿）であったが、明治末頃に火災で焼失、大正初期に磐越西線（当時は岩越線）野沢駅の開業をみて現在の場所に移転し、今でも駅前旅館として営業を続けている。

旅館の名前としては妙な屋号な点が気になるが、かつて阿賀川から運ばれた塩の船着場名が由来とされている。記録によると、現在地に移転する前の江戸後期、文化11（1814）年に十返舎一九《じっぺんしゃいっく》が宿泊した記録があり、「三味線の　野澤の宿は旅人の　神を無性に　引いてとどめる」という狂歌が残っている。

明治時代末には日本にスキーを広めたオーストリア＝ハンガリー帝国の軍人、フォン・レルヒがこの地方を旅した際に立ち寄り食事をしたことが手記『岩越紀行』に書かれてもいる。

縦に廊下が長い、奥まった造りの旅館内は途中で土間のような場所を挟んで立派な座敷があり、冬の入りがけ12月上旬に1泊を乞うた私は、その座敷でひとり贅沢な一夜を過ごさせてもらった。

座敷の一室はふかふかの布団にこたつが置いてあり、みぞれ交じりの雪が雨だれとなって落ちる音を聞きながら郷土史を読みふけり、いつの間にかぐっすりと眠っていた。

朝起きると窓の外には雪景色の庭が広がっており、真綿が積もったような南天の実と柿の木が美しいのひと言であった。

雪の季節が似合う、とても風情ある駅前旅館だが、女将がご高齢のため、「私ができなくなったらやめざるを得ない」とも語っていた。

歴史深い宿なのだが……これも時代の流れなのだろうか。

野沢駅前に佇む宿。古ぼけた看板に古峰神社の石碑など町そのものが古い特徴がよく出ている。

奥座敷の外観。雪の朝が似合う風景。

長い廊下の途中にある独特な形をした階段。

廊下の途中にある渡り廊下のようになった土間ゾーン。ここで二つの棟がつながっている。

座敷棟の廊下。大正時代に建てられた古い日本家屋をそのまま使用しており、壁の明かり取り用の香狭間窓が特徴的だ。

廊下の壁に刺されていたイワシの頭。節分の魔除けの一種だが、こういった民俗的風習が現役で続いているのが見られるのも古い旅館のよさ。

早朝、目に飛び込んできた欄間。夜はわからなかったが、菊水の透かしが施されている。雪のぼんやりとした蒼い光が実に美しかった。

宿泊した座敷の一室。駅前旅館というと昭和40年代以降の中途半端に新しい建物を想像するが、この宿はまるで高級旅館のような設えだった。

この宿は風呂場が特徴的だ。大正期の浴室がそのまま使用されており、天井を角材で格子状に区切り、その四隅に曲線をあしらった折り上げ格天井は古い時代の風呂場建築の名残だ。壁にはいわゆるマジョリカタイルが貼られていた。

障子窓に大正期のアイリス模様の砂摺りガラスがそのまま使われている。障子ごとにそれぞれ違った模様であるのも面白い。

関東・中部

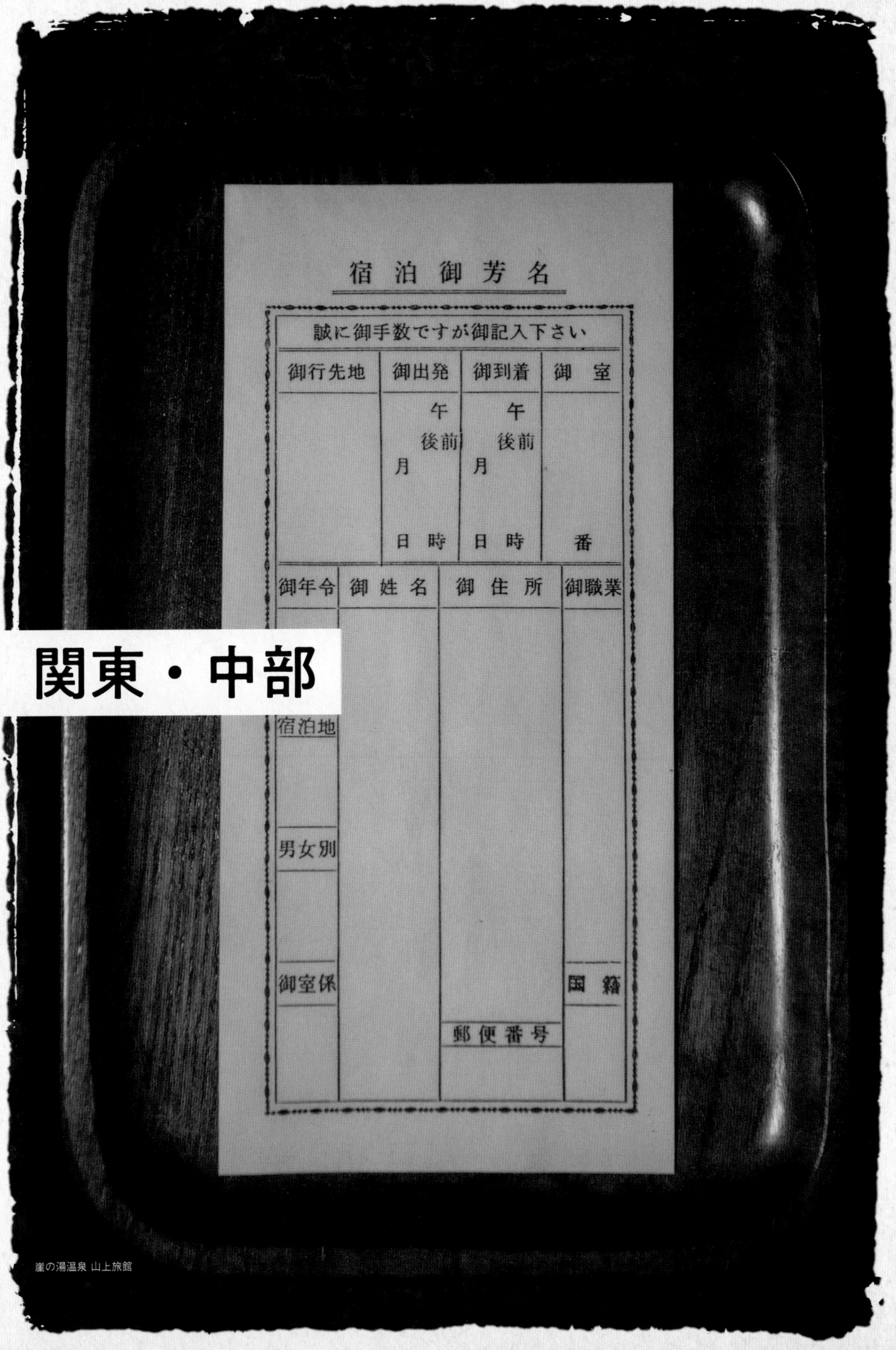

崖の湯温泉 山上旅館

《法師温泉《ほうしおんせん》 長寿館《ちょうじゅかん》》

群馬県利根郡みなかみ町永井

雪の長寿館本館前の夜。日本秘湯を守る会の提灯がぼんやりと光る雪の宿の風景は息を飲む美しさ。

秘湯の殿堂――群馬県、三国境の山深くに立つ一軒宿の極上温泉。

日本に「秘湯」と名高い温泉と旅館は数多い。その中で、もっとも鄙《ひな》びた空気感と温泉宿の空気感を残した宿はどこかと考えたとき、どうしても五指に入れたい宿の一つとして浮かぶのがこの長寿館だ。

国道17号線、群馬、長野、新潟県の三県境域を走る三国峠から分かれた山深くへ約5キロ、どんづまりの沢に木造の静かな湯宿が立っている。

平安時代、弘法大師の手による開湯と伝えられる法師温泉は、今なお川底からお湯が直に湧く温泉であり、長寿館は法師温泉唯一の宿として明治8（1875）年の開業から今に至るまでその姿を変えずに営業している。

吹抜け天井に煙り出しのある本館の玄関をくぐると、火鉢や鉄瓶がお湯を沸かす囲炉裏、そして提灯が灯った広い空間が現れ、旅館というより昔ながらの山間の大邸宅に迷い込んだような気分に包まれる。

長寿館に泊まることになったのは、年の暮れのこと。三国峠は雪深く、街道の国道から分かれた沢沿いには氷雪がかなり積もっていた。標高800メートルの谷間は寒風が厳しい。

だが、その先には広い駐車場があり、沢を挟むようにして3棟の大きな木造旅館が目の前に姿を現した。

本館前に立つ新しめの建物は、平成元年に完成した法隆殿。

本館玄関。煙出しのある高い天井に、古株を使った火鉢や達磨、囲炉裏に提灯が並ぶ様は宿というより山里の旧家を思わせる。

別館廊下。窓の向こうは雪。雪があると環境音がまったくしなくなる。雪の静けさが澄み渡る空間だ。

法隆殿は比較的新しい木造の建物だが、こちらではもっとも高級な部屋が用意されている。

玄関左手には囲炉裏があり、鉄瓶が常に湯を沸かしている。木炭の甘い香りが漂う。

これこそ法師温泉　長寿館。杉皮葺《ぶ》きで、地方の旧家のような佇まいの宿は明治8（1875）年築の本館で、昭和15（1940）年に建てられた別館、昭和53年完成の薫山荘、平成元年建造の法隆殿が、法師川を挟んで渡り廊下で結ばれている。すべて風情ある木造だ。

玄関をくぐると大きな吹き抜け天井に提灯が灯っており、脇には囲炉裏がパチパチと音を立てて燃えている。そのため建物内は常に木炭の甘い香りが漂っており、古《いにしえ》の山の暮らしを彷彿《ほうふつ》とさせる。この本館は国の登録有形文化財だ。

また、木造の浴場である法師乃湯も国登録有形文化財となっている。明治28（1895）年の建築で、アーチ窓がある和洋折衷の大きな浴場には、大きな柱で仕切られた4つの浴槽に床の玉石の間から湯が直湧きしている。基本は混浴だが、時間ごとに女性・男性専用になることもあり、おおむね24時間入浴が可能だ。

夜は提灯のぼんやりとした明

法師乃湯。夜間はぼんやりとした光の中、昼間はアーチ窓から差し込む陽の光を浴びながら、ゆったりとした時間を過ごすことができる。

上流にかかる小さな橋から見た長寿館本館と別館。小さな沢沿いだからこそできる建物のレイアウトと構造だ。

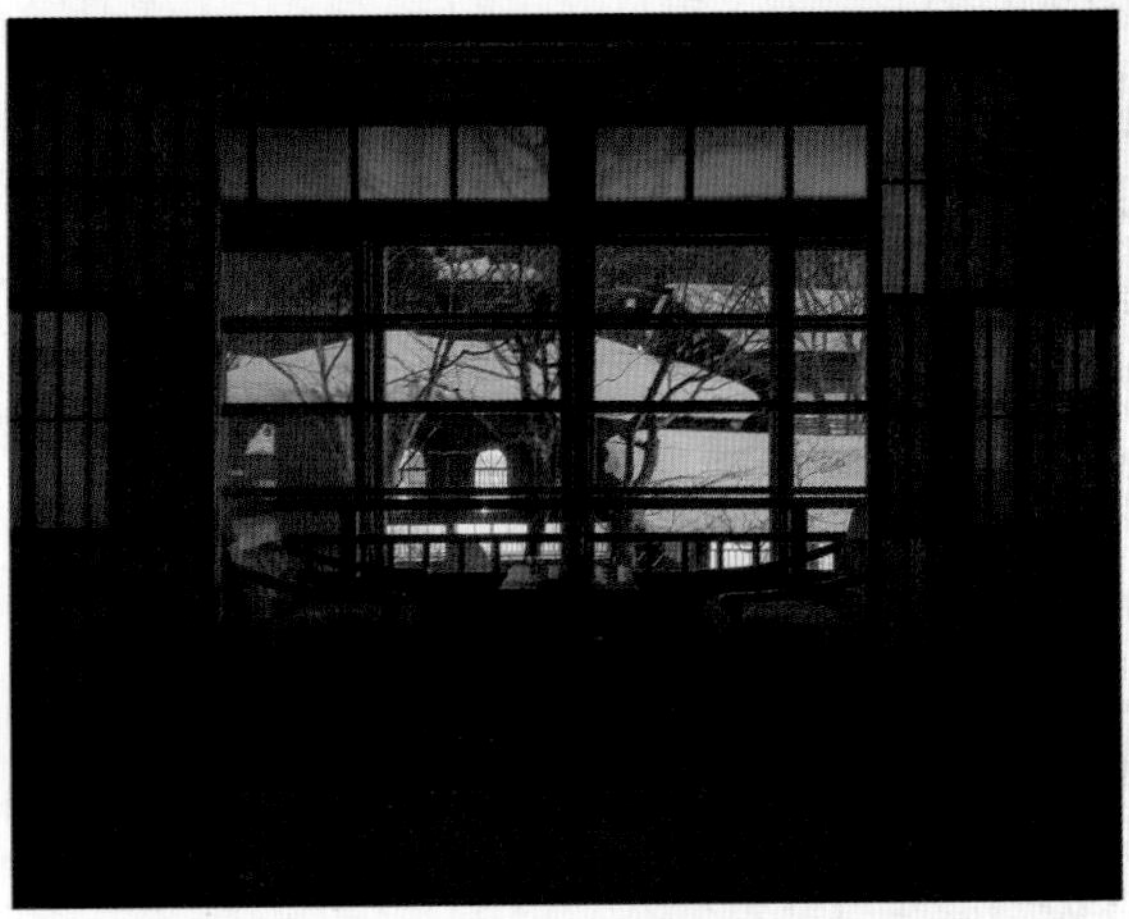

別館の一室に宿泊。対岸に立つ本館と法師乃湯の建物が見渡せる。雪に宿の光が反射してぼんやりと浮かび上がる様はまさしく「雪の宿」といった趣。

かりの中、じっくりと浸かれる贅沢な時間を楽しめ、日中は窓からの陽で、透明感のあるお湯のきらめきを味わえる。

長寿館もかつては湯治客や与謝野晶子・鉄幹夫妻、川端康成など文人墨客に愛された宿であった。だが決して利便性がいい土地ではない。沢沿いの山奥で、建物は古臭いと敬遠されることもあった。だが、それを逆手にとって昭和50年に「日本秘湯を守る会」を結成――これは、当時の長寿館経営者だった方が音頭を取って始めたものであった。

そして、昭和57年の国鉄ポスターに法師乃湯が取り上げられると一躍有名となる。時代がうつろい、消えゆく日本の風土の価値が見直されると、さらに人気が回復。今では山の一軒宿として、秘湯の宿を代表する存在となっている。

新潟県と群馬県、県境の谷川連峰を仰ぐ三国峠。その山塊の真っただ中で、昔ながらの風情ある佇まいの宿に一度は訪れてみてはいかがだろうか。とくに冬場がおすすめだ。

《四万《しま》温泉《おんせん》 積善館《せきぜんかん》》

群馬県吾妻郡中之条町四万温泉

照明が入った夜の積善館。赤い橋（慶雲橋）の向こうの正面が元禄時代から残る本館。右側の明るい建物が「前新」で1階は浴場になっている。映画のモデルになったというのも納得の建築美を誇る。ちなみに現主人と宮崎監督は旧知の仲で、宮崎監督が何度も訪れていたりと、ここが『千と千尋の神隠し』のモデルの一つとなったことは確実と言われる。

温泉文化の変遷を辿る現役日本最古の温泉。

関東平野の最奥部、ひと山越えれば新潟県と長野県に入るという険しい山岳地帯に四万《しま》温泉はある。江戸中期に湯治場が形成されていくが、ちょうどその時代の元禄4（1691）年に積善館は創業した。

本館はこのとき建てられたものに増築・改築を繰り返して今に至り、300年の歴史を持つ国内最古の現役旅館建築として存続している。近年は赤い欄干の橋の向こうに多層の木造建築が残る景観が、映画『千と千尋の神隠し』のモデルとなった場所の一つとして有名になった。

現在の積善館は、大きく分けて江戸～明治時代の建物を主体に増改築した「本館」、昭和初期竣工の「山荘」、さらに昭和末期竣工の「佳松亭《かしょうてい》」の三つから成る。それぞれに異なる趣《おもむき》があり、エレベーターや地下階段などで連絡されている。

本館と山荘の間には、屋内であるにもかかわらずエレベーターでつなぐために掘った人道トンネルが存在する。ここは映画の冒頭に出てくるトンネルのモデルになったとも言われている。

斜面最上部に立つ佳松亭《かしょうてい》は和洋を合わせた現代風の設《しつら》えで、貸し切り浴場のほか、こだわりの演出が行き届いた高級志向の階層としてまとめられている。宿泊中はこれらの建物内を自由に移動できるが、階層ごとにまったく雰囲気が異なる顔をのぞかせる姿は、長い時間を経てきた建物であることを感じさせる。

さて、長雨が降りしきる秋口に、幸運にも積善館本館に泊まる機会を得た。古い旅館や建物では、雨が滴《したた》る風景にもいっそうの趣《おもむき》が感じられる。とくに夜の温泉街は、人気《ひとけ》がほとんどなく、濡れた地面に反射する提灯の光や本館の明かりが妖《あや》しさに満ちていた。雨も悪くない――そう思いながら金色に輝く本館の風景を目に焼きつけた。

本館ロビー。右奥がフロントと史料展示室。左手は客室へと続く階段のほか昭和期の電話ボックスが残る。

本館と山荘間をつなぐエレベーター前の人道トンネル。険しい斜面沿いで建家の増改築を繰り返してきた結果生まれたという。

本館3階から前新と向新を眺める。赤い欄干と山の緑の対比が美しい。温泉宿にやってきたという高揚感が高まる素晴らしい眺望だ。

積善館・元禄の湯。昭和5年に建てられ、国の登録有形文化財になっている。ロマネスク建築風の大きな窓、5つの浴槽が特徴。お湯は澄んだ色をしており、強い美肌効果がある。

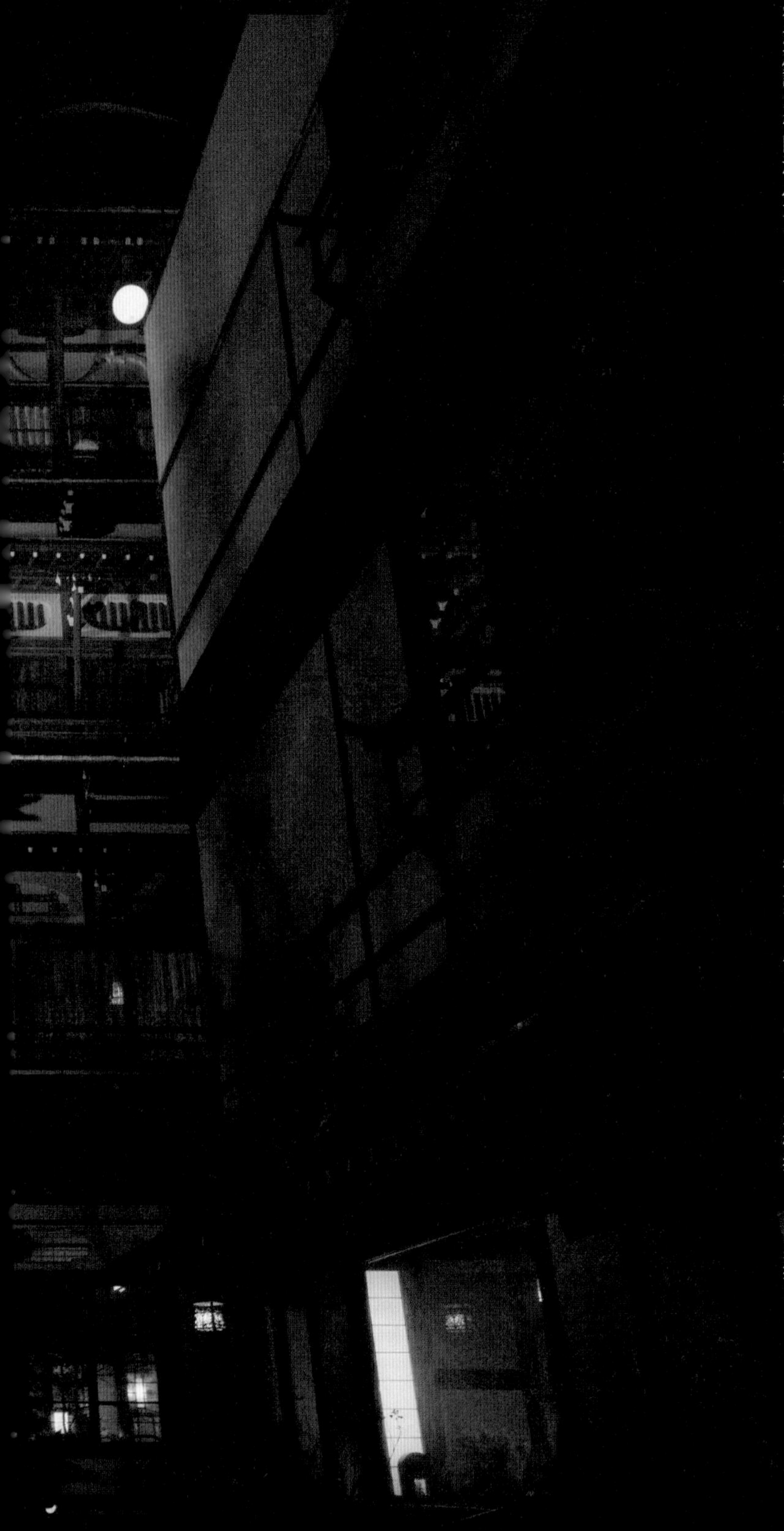

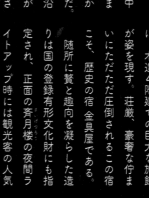

宮大工が腕を振るった
湯田中・渋温泉郷——至高の木造旅館。

長野県は北信地方、長野市から北東へ1時間ほど向かった先にある山ノ内町は、大小合わせて10カ所の温泉街が集中する湯の町として知られる。現代においても100軒以上の宿泊施設が夜間瀬川《よませがわ》沿いに立ち並んでいるがあまりに宿が集中しているため、どこからどこまでが各温泉街に属しているのか区別が曖昧に感じられるほどだ。

渋温泉は、そんな夜間瀬川《よませがわ》沿いの温泉街の一つで、古風ながらも美しく整えられたレトロさが人気だ。常に観光客で賑わう通りをしばらく進むと、やや上り坂になったカーブの山側斜面に、木造4階建ての巨大な旅館が姿を現す。荘厳、豪奢な佇まいにただただ圧倒されるこの宿こそ、歴史の宿 金具屋である。

随所に贅と趣向を凝らした造りは国の登録有形文化財にも指定され、正面の斉月楼《さいげつろう》の夜間ライトアップ時には観光客の人気撮影スポットとして、渋温泉のシンボル的存在ともなっている。

温泉街の鄙《ひな》びた中にも洒落た雰囲気の通りを歩き、金具屋に到着。今まで体験した古い木造旅館の中でも一、二を争う広さのロビー、そして古い日本建築特有の急階段、暖色照明の廊下が奥に続いているのが見えた。仲居さんが何人も忙《せわ》しなく歩く中、宿の看板猫らしい黒猫がと

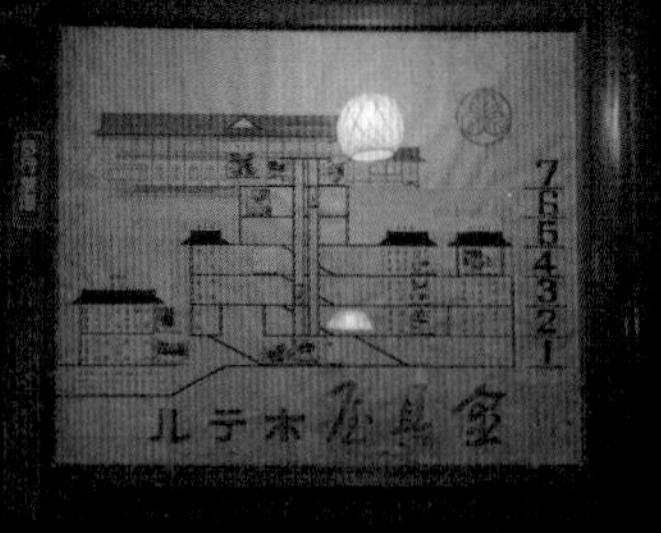

館内案内図。昔使われていたものだが、構造が変わっていないのでそのまま展示している。

《信州《しんしゅう》渋《しぶ》温泉《おんせん》 歴史《れきし》の宿《やど》 金具屋《かなぐや》》

長野県下高井郡山ノ内町平穏

渋温泉の通りから臨むライトアップ時の金具屋、斉月楼。こちらの宿も一説に、『千と千尋の神隠し』の油屋のモデルの一つとされる。撮影用の台が用意されており、ライトアップ中の午後７時頃～10時頃は、ほぼ常に観光客で賑わっている。

きどき宿泊客相手に愛想を振りまきながらうろうろしているのが印象深く映る。

実は金具屋に宿泊しても、全員が斉月楼《さいげつろう》に宿泊できるわけではない。正面から見える斉月楼《さいげつろう》と向かって左側奥の潜龍荘《せんりゅうそう》、その中間にある居人荘《きょじんそう》、向かって右側の新館にあたる神明《しんめい》の館《やかた》から、合わせて9〜12部屋が公式サイトから予約できる「客室Aプラン（特室）」指定の部屋だ。

建物や部屋にこだわりたい場合はこのプランで宿泊予約をするが、基本的にそこからさらに部屋を選ぶことはできず、どの部屋になるかは運次第。ちなみに文化財指定の部屋は斉月楼《さいげつろう》のみ。私が通された部屋は潜龍荘《せんりゅうそう》2階、黒書院《くろしょいん》なる部屋だったが、この部屋がむしろすごかった。

潜龍荘《せんりゅうそう》は高貴な宿泊客用に、温泉観光旅館化するよりも前の明治41（1908）年に建てられた格式ある別邸で、とくに2階の黒書院《くろしょいん》と1階の白書院《しろしょいん》は貴賓室であった。入口が門のような観音開きで、外からは錠前を外して入り、中からは閂《かんぬき》をかけて施錠する。黒書院《くろしょいん》の名のとおり、漆塗りの格天井《ごうてんじょう》や襖《ふすま》、障子が配置され、全体的に重厚な日本間の雰囲気に整えられている。

温泉も和風の設《しつら》えで湯がやわらかい鎌倉風呂のほか、洋風で鉄分の濃い泉質の浪漫風呂、貸切の家族風呂、露天風呂など、建築としても、温泉としても大小それぞれに特色がある湯が楽しめる。

黒書院の広縁。天井の木目が朝日の照り返しに浮かんで美しい。金具が取りつけられた電灯も昔のままで、椅子自体も相当の高級品。座ってずっと本を読んでいたくなる。

ロビー横の階段と廊下。複雑な構造が広がっており、日本建築特有の急な階段を上り下りする仲居さんや主人、女将の仕事はかなり大変そう。

ロビーから奥の廊下には、かつて旅館で使用していた什器や大福帳、各団体の指定旅館の看板、写真が展示されている。提灯が並び、床には玉砂利が埋め込まれ、屋根がついており、屋内とは思えない。まるで和風のテーマパークのようだ。

浪漫風呂の入口扉にあしらわれた龍と和服の女性のステンドグラス。北信に伝わる黒姫伝説をモチーフにしている。

斉月楼を貫く東側階段。丹塗りの壁の向こうに富士の形の窓が配置された、斉月楼を象徴する光景。

黒書院の部屋全景。部屋そのものは８畳と小さめだが、付随する小部屋や離れがあるため体感的にはもっと広い。

黒書院入口。門と錠前で入る部屋がある旅館なんてさすがに初めてだ。

格子天井は格式ある部屋の証拠。

斉月楼と居人荘をつなぐ位置にある、S字に曲がった急階段。その中央には中２階の部屋の入口があり、古い旅館建築特有の複雑な構造が興味深い。タイルが美しい。

金具屋の最上8階に位置する大広間２階、飛天の間。２階は芝居小屋、１階はダンスホールとしても使用されていたという。

黒書院がある潜龍荘１階にある浪漫風呂。この湯の源泉は江戸時代の土砂崩れの際に噴出したもので、今も汲み上げではなく、自噴しているものをそのまま使っている。

山梨県甲府市丸の内

《旅館《りょかん》 萬集閣《まんしゅうかく》》

最寄りは甲府駅。美麗で瀟洒《しょうしゃ》な宿で喫茶を味わう。

JR甲府駅前には、駅から徒歩3分の立地に独特の雰囲気をまとった旅館が立っている。蔦《つた》で覆われた3階建ての怪異な佇まいに、アンティークの落ち着いた調度品が妙にマッチするビジネス旅館、萬集閣だ。甲府が太平洋戦争末期の空襲で焼け野原となった戦後にはじめた宿だという。

当時の主人は旅館業だけでなく運送業や骨董業など手広く商売をしており、やがて旅館内の応接室を改装して喫茶店も開業。建物内に旅館、骨董店のギャラリー、そして喫茶店が併設されているのはこのためである。

駅最寄りということもあって、訪ねてみるとビジネス目的、工事関係者、観光客など、多様な方が泊まられていた。内装はレ

JR甲府駅から徒歩数分の繁華街に立つ、建物全体が蔦に覆われた萬集閣。周囲の景観と比して独特の雰囲気を放っている。近くまで行けばその存在がすぐにわかることだろう。宿の正面玄関は表通り側に。併設の喫茶店の入口は側道側だ。

トロな建具やガラス窓、ステンドグラスなどアンティーク調の品々が並んでおり、これらもすべて主人の蒐集品や趣味で制作したものだというから驚きだ。

年配の女将は「階段は急ですし、古い建物ですから……」と謙遜されていたが、部屋は2〜3階に洋室、和室の用意があり、県庁所在地の中心駅から徒歩数分で格安で泊まれる宿としては破格の機能性のよさを感じる。

宿併設の喫茶店「六曜館珈琲店」も開設当初の主人の趣味が炸裂しており、アンティークのシャンデリアやランプシェード、柱時計やステンドグラスが並んでいる。おすすめは「六曜館ブレンド」という深入りコーヒーで、昼間は喫茶店、夕方からはバータイムとなって娘さん自慢のおつまみメニューの餃子も人気だ。夕食はこちらで済ませるのもよいだろう。

機能美と古飾美が溢れる、美学とこだわりの宿だ。駅からとにかく近いので、甲府に行った際は、喫茶店だけでも立ち寄ってみることをおすすめしたい。

旅館の玄関横の側道に面した六曜館珈琲店の入口。こじんまりとした扉と蔦が絡む姿は妖しさたっぷりである。喫茶店として実に目を惹く。

「ビジネスの宿まんしゅうかく」の明かりが灯る玄関先。ちなみに萬集閣の名は「人がたくさん集まるように」という意味で名づけた屋号だそうで、満州は関係ない。

玄関。主人の趣味の品々である時計やランプが並んでいる。高齢ながら素敵なマダムといった雰囲気を放つ女将がお出迎えしてくれた。

六曜館珈琲店内部。主人のコレクションが並べられた落ち着いた店内は、昼間は常連のお客さんや喫茶店好きの方、夜のバータイムは地元の仕事帰りのサラリーマンや大学生などで賑わっている。

2階の踊り場。こちらにもステンドグラスの窓や型枠ガラス、アンティークの椅子や棚などが並んでいる。

《崖《がけ》の湯《ゆ》温泉《おんせん》 山上《やまじょう》旅館《りょかん》》

長野県松本市内田

坂道のどん詰まり、もっとも高い場所に立つ山上旅館。
明治初期の開湯期から、ずっとここに立っている。

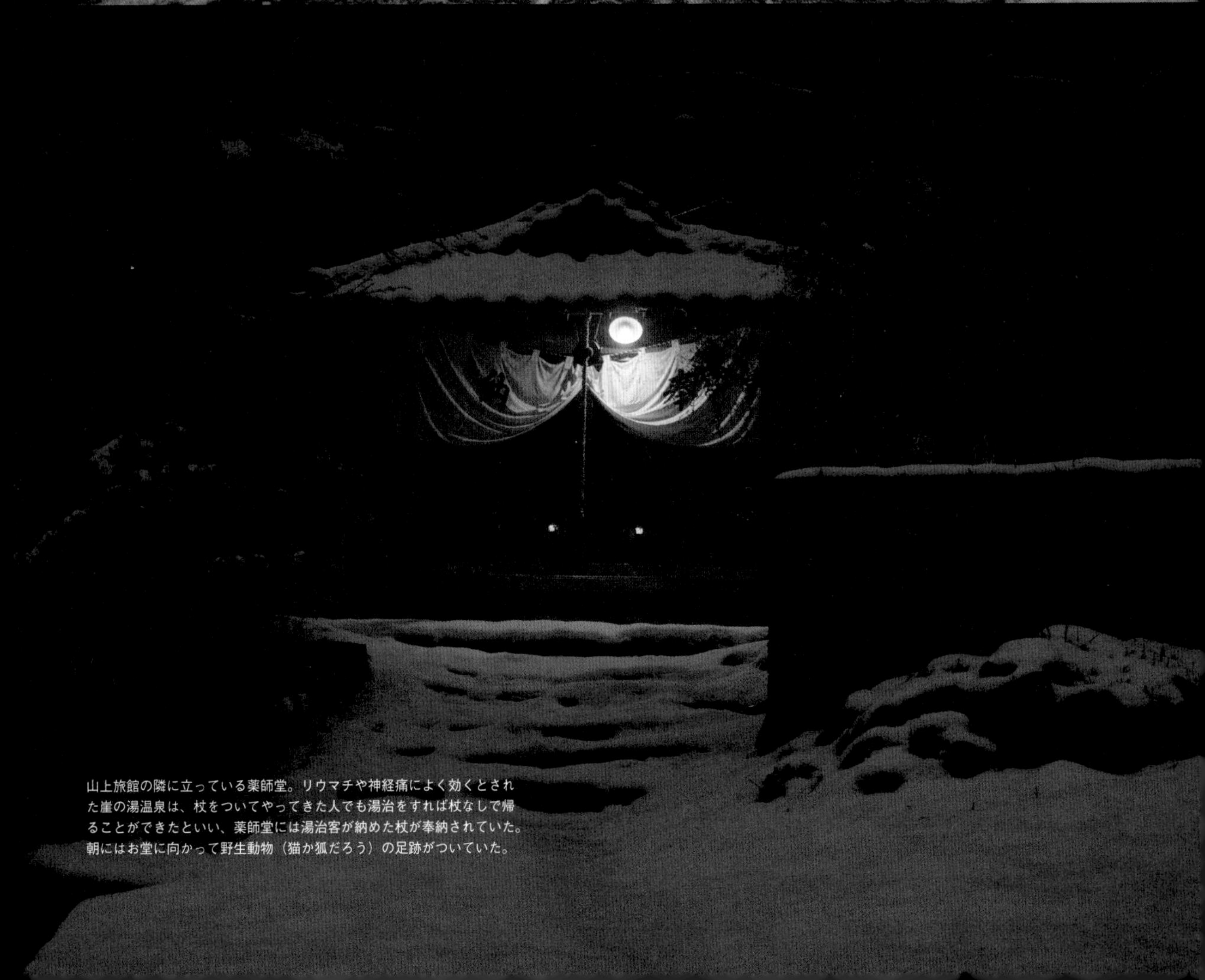

山上旅館の隣に立っている薬師堂。リウマチや神経痛によく効くとされた崖の湯温泉は、杖をついてやってきた人でも湯治をすれば杖なしで帰ることができたといい、薬師堂には湯治客が納めた杖が奉納されていた。朝にはお堂に向かって野生動物（猫か狐だろう）の足跡がついていた。

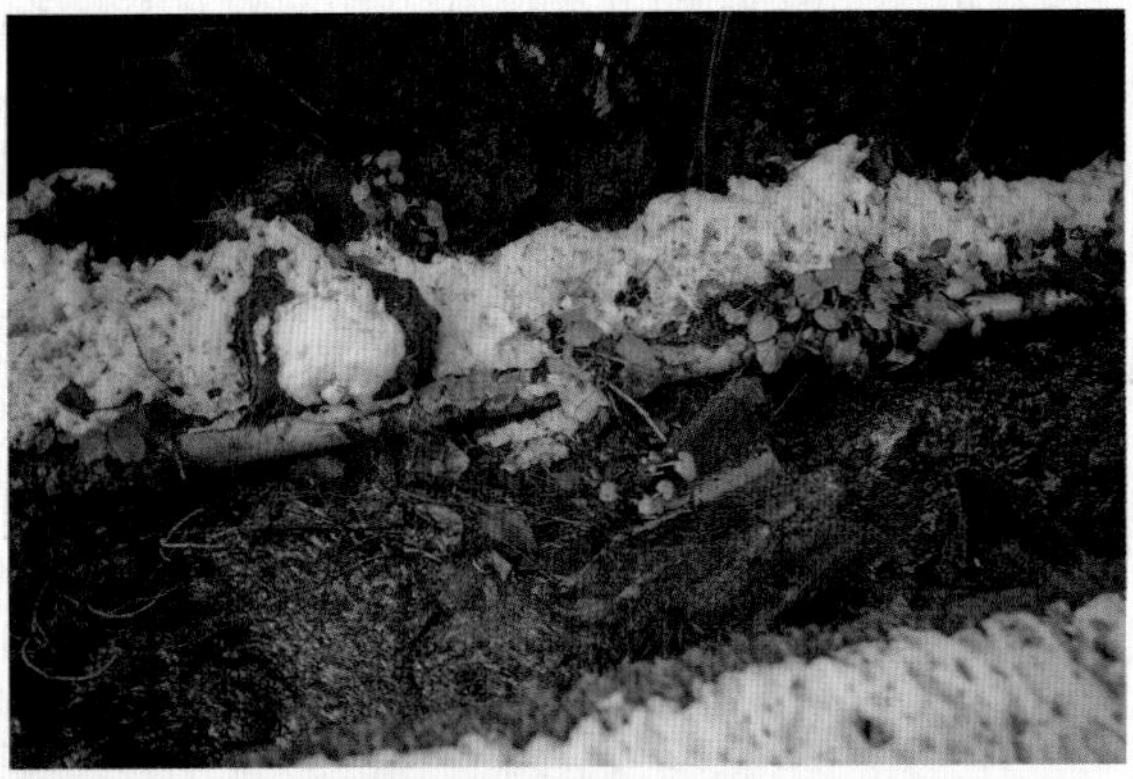

薬師堂のあたりから旅館の横を流れている水路。なんと清流にしか生えないワサビが自生している。こちらも女将が摘み取って、料理に使用しているとか。

崖の湯温泉の中心地。坂の下は松本平、そして急傾斜の坂沿いに廃業した古びた旅館が並んでいる。

トイレの窓は文字入りの摺りガラス。洒落ている。

薬師堂から見た旧館全景。方形でしっかりした佇まい。

高《たか》ボッチ山の麓で ひっそりと森に佇む 静けさの湯宿。

長野県のちょうど中央あたり、高《たか》ボッチ山の中腹には崖の湯温泉という小さな温泉街が存在する。温泉街といっても街とは言いがたい場所だが、ここには鄙《ひな》びた空気感が好きな人間にはたまらない極上の旅館があるのだ。それが山上旅館だ。

鉢伏山《はちぶせやま》と高《たか》ボッチ高原の裾野の傾斜地を上っていくと、やがて狭い山道となり寒冷な山岳地帯に入る。カーナビを頼りに分岐を何度か過ぎると、急傾斜の坂道の先に木造旅館らしい建物が何軒か立っているのが見えた。これが崖の湯温泉で、最上部の3階建て木造、石垣の上に構えられた建物が山上旅館である。

明治7（1874）年、開湯の山上旅館はその泉源を発見した子孫によって、150年近くこの山の上で湯宿を営んできた。小規模な湯治場で、もともと宿の数は少なかったのだが、近年になって廃業が相次ぎ、今では山上旅館を含めて2軒しか営業していないという。

私が宿を訪ねたのは3月上旬であったが、崖の湯温泉は標高約1000メートルの位置にあり、冷え込みが非常に厳しく雪も積もったままであった。女将の案内で通されたのは渡り廊下を挟んだ新館の一室。表側から見える建物が昭和9年築の旧館で、斜面伝いに昭和30年代に建て増しされたのが新館である。

この旅館の素晴らしさは、なんといっても料理である。女将が畑で育てた野菜と山で採れる山菜、敷地内の池で育てているという鯉料理など、地産の品々で構成されている。

温泉は冬も夏も快適で長湯ができる、わずかに白濁した湯であった。周囲は森林に囲まれているため、食事と温泉を浴びれば何もすることはなく、頭を空っぽにしてひと晩を過ごせる。

温泉を浴び、地のものをいただき、酒を飲み、ストーブの音を聞きながら毛布にくるまって眠る……贅沢とはこういうことを言うのだろう。

階段を上がると途中から二股に分かれた不思議な造りになっている。

広い玄関。タバコの看板やショーケースが置いてあるが、山深い土地であったため、かつて生活雑貨の小売取り扱いをしていた名残だという。

１階に宿泊部屋はなく、玄関横の階段から２階へ上がって各部屋に向かう。窓の上の額には、かつてこの旅館で湯治をしていった元横綱の琴桜関の手形が納められていた。

風景を楽しむ配慮だろうか、障子の一部が雪見障子のような窓になっており、朝は自然光が差し込んですっきり目が覚める。

旧館と新刊をつなぐ渡り廊下。旧館の３階へ上る階段や１階の温泉へ下りる階段、手洗い場やトイレなど宿泊者の生活の中心となる。

食事は宿泊する部屋とは別の部屋となっている。予約時の値段によってメニューが変わるので財布や希望と相談して泊まろう。

旧館３階は外周に縁側、真ん中に部屋という古い旅館の建築を踏襲している。現在はほとんど使用されていないようであった。

玄関正面。正月ということで門松や花飾りが置かれ、普段よりさらに豪華な装いになっていた。

《花舞《はなまい》 竹《たけ》の庄《しょう》》

静岡県賀茂郡河津町峰

日本一豪奢な素泊まりの宿には蔦《つた》が絡まる檜の温泉浴場が——

旅をしていると、「なんだこれ」「嘘でしょ？　これ」と思うような光景に出くわすことがある。自分の中の知識や予想で測れない物事に直面したとき、人はそれに対して衝撃と疑問を抱き、理由を知り、視野を広げていくわけだ。

伊豆の花舞竹の庄は、「嘘でしょ？　これ」に満ちた、刺激的かつ最上級の鄙《ひな》びた空気感を得られる宿だ。通りに面した壁には蔦《つた》が這い、玄関は奥まった位置にあって、前を通っただけでは営業しているのかも判然としない。だが、一度玄関正面に立てば、その疑問が大きな間違いであることに気がつく。扉を開けると、そこには外観からは想像もできないほどの豪華絢爛な空間が広がっているのだ。

花舞竹の庄は、もともと高級和風温泉旅館だった。創業は昭和8年頃だといい、当時解体された東京・新宿の遊廓建築の部材を一部引き取って流用した建物と、あとから建てた別棟で構成されている。バブル期までの団体旅行のニーズに応えた総客室数20以上、4つの大広間に1000坪を超える池と庭園、バーも併設されていたりと、至れり尽くせりな宿だった。

しかし、時代の変化と共にそうした旅のスタイルは廃《すた》れ、客足は遠のいた。従業員の数を主人夫妻のみにまで絞るも、巨大な施設管理を2人だけで行うのは物理的に不可能であり、平成10年頃からは使用客室数を4つのみ、素泊まり専用宿として方針を転換し、今に至る——。

と、主人がかつて使っていたパンフレットを片手に語ってくれた。すでに空池《からいけ》になって久しい庭園、物置になった大広間、ほぼ未使用の広大な2階の部屋の数々を案内してくださる主人の、当時の決断は一体どれほど重かっただろう。見て回る場所のすべてが豪華、荘厳、華麗の言葉に尽き、「本当に素泊まりで、本当にこの値段で泊まっていいのだろうか？」とさえ思えてくる。おそらく日本で一番贅沢な素泊まり宿だと言えよう。

内湯は3つもあり、主人曰く「2階の檜風呂がおすすめ。すごいですよ」とのこと。荷物を解き、さっそく向かってみるとこれが本当にすごかった。木造を基調に、中央に檜風呂、レトロなタイル張りと桟《さん》の設《しつら》え、蔦《つた》が絡まった窓の光景は、ほかのどの宿や銭湯でも見たことがない。湿気が籠《こも》らないよう天井付近に換気口がついており、冬場の冷たい空気が入るおかげで無限に湯に浸かっていられる。

隣に通りがあるはずだが、夜も朝も静寂に満ちている。浴室の空間も、大きめの檜風呂にひとり入り続けられることも、正月であってもこの豪華な宿に宿泊客が自分だけであることも、すべてが不思議であった。

不思議さと衝撃、そして極上の鄙《ひな》びに溢れた素晴らしい正月の一日であった。

玄関部分。入った瞬間に「ここ、本当に素泊まりの宿なの……？　え!?」と思うほどの豪勢な設え。廊下奥に佇むのが主人。非常にていねいに宿の経緯を教えていただいた。

玄関天井。格子天井とシャンデリアの味わい深さ。温かい色の照明が、来客者をやさしくもてなしてくれる。

玄関上部の懸魚に残された「三井家旅館」のレリーフ。移設前の遊廓旅館の名前だったと思われる。

宿泊させていただいた一室。バブル期に隆盛した宿ともなると、つけ焼刃の建築であることが多いが、この宿は古の宮大工の手による本物の数寄屋建築である。

玄関横エントランスには床がガラスになっている部分がある。この下も池の一部で、かつては鯉が泳ぐ様子を室内から楽しむことができるようにした造りだったとか。

階の檜風呂。モザイクタイルと蔦が絡まる窓の空間の中で、静寂に満ちた正月の時間が流れてゆく。最高だ。冬場なので赤く紅葉した蔦であるが、夏場は緑でもっと窓前面が蔦で覆われるという。お湯はやわらかく、長く入っていられる温度だ。

縁側から夕闇の庭園を眺める。かつては広大な池に水が入り、錦鯉が泳いでいたそうだが、現在は空池。主人曰く「管理ができないので池の営業はしばらくお休み」だという。つい、最盛期だった頃の庭に想いを馳せる。

地獄谷温泉《じごくだにおんせん》 後楽館《こうらくかん》

長野県下高井郡山ノ内町大字平隠

川を挟んで向かい側から眺めた後楽館。崖伝いに建てられているのがわかる。橋の上にはこれが定位置であるかのようにニホンザルが鎮座していた。

渓流目の前の露天風呂。ここは、ニホンザルと一緒に入れる温泉として有名な場所だ。だが基本的にニホンザルがお湯に入るのは厳冬期のみで、それ以外は湯壺のまわりで暖を取るようにしてうろうろしている。また相手は野生動物だ。衛生面が気になる方は静かに観察だけにして素直に内湯を利用しよう。

湯田中・渋温泉郷最奥、間欠泉とニホンザルの秘境、秘湯の宿。

後楽館は湯田中・渋温泉郷の一つ、地獄谷温泉の唯一の湯宿だ。山深い場所にあり、川底から間欠泉が轟轟《ごうごう》とうなりを上げて吹き出している大地の変動が激しい場所である。過去には何度も土石流が発生し、そのたびに新たな泉源や間欠泉が湧き出してきた。

しかし、この温泉の魅力はそれらの秘境要素だけではない。なんとこの温泉は野生のニホンザルが入りにやってくる世界で唯一の露天風呂がある温泉であり、外国人観光客には知名度が非常に高いのだ。

地獄谷温泉への道は「秘境」と呼ぶにふさわしい行程だ。なにせ温泉宿まで直接つながる車道がない。渋温泉から峠道を10分ほど走ると川沿いに駐車場が現れ、そこからさらに15分ほど渓流沿いを歩かねばならない。

すると、やがて大渓谷沿いに木造の宿の影が見えてくる。後楽館——幕末に「明治楼《めいじろう》」の名で開業後、今もこの谷でただ一軒の湯宿として続いている。

玄関に入ると、七代目になるという若主人が2階の部屋へ案内してくれた。このとき上った階段が館内でもっとも古い明治時代の建物の一部だそうで、その前の幕末期の建物などは土石流や火事ですべて失われてしまったという。

部屋の窓には網戸ではなく、なんと金網の枠がはめ込まれているではないか。若主人は、

「そうしないと窓からサルが入ってくるんですよ。玄関先で見られましたか！ これから夕暮れどきになったら、もっとたくさん出てきますよ。露天風呂に行かれて見てください」

ともおっしゃられた。私は、喜んで露天風呂に向かった。

ちなみに温泉は内湯とサルが入ってこない露天風呂が別に設けられており、そちらでゆっくりと白い靄《もや》のような湯華が漂うお湯を味わえるので安心だ。

食事はすべて主人が自前、あるいは知人友人の伝手《つて》で用意している食材を使ったものであるというから驚きだ。そのため私が泊まった4月頭では魚や肉類が用意できず、山菜やキノコ類がふんだんに使われたメニューとなっていた。夏場は猪肉《ししにく》や川魚、冬場は兎《うさぎ》や鹿肉が提供されることもあるという。

渓流の水の流れる音と間欠泉が吹き出す音に包まれながら、まわりに一切明かりのない夜を過ごすのもまた旅の特別な時間の楽しみであろう。

駐車場から後楽館に向かうまでの徒歩道。軽いハイキングコースにも似た道だが、途中崖に近い場所もあり、雨の日は滑落に注意。

川の向かいにある間欠泉。夜も昼も常に轟音を上げて熱水を噴出している。かつてはこのほかにも大小いくつもの間欠泉があったという。

約15分ほど歩いて辿り着いた後楽館前。偶然にもニホンザルがお出迎え。

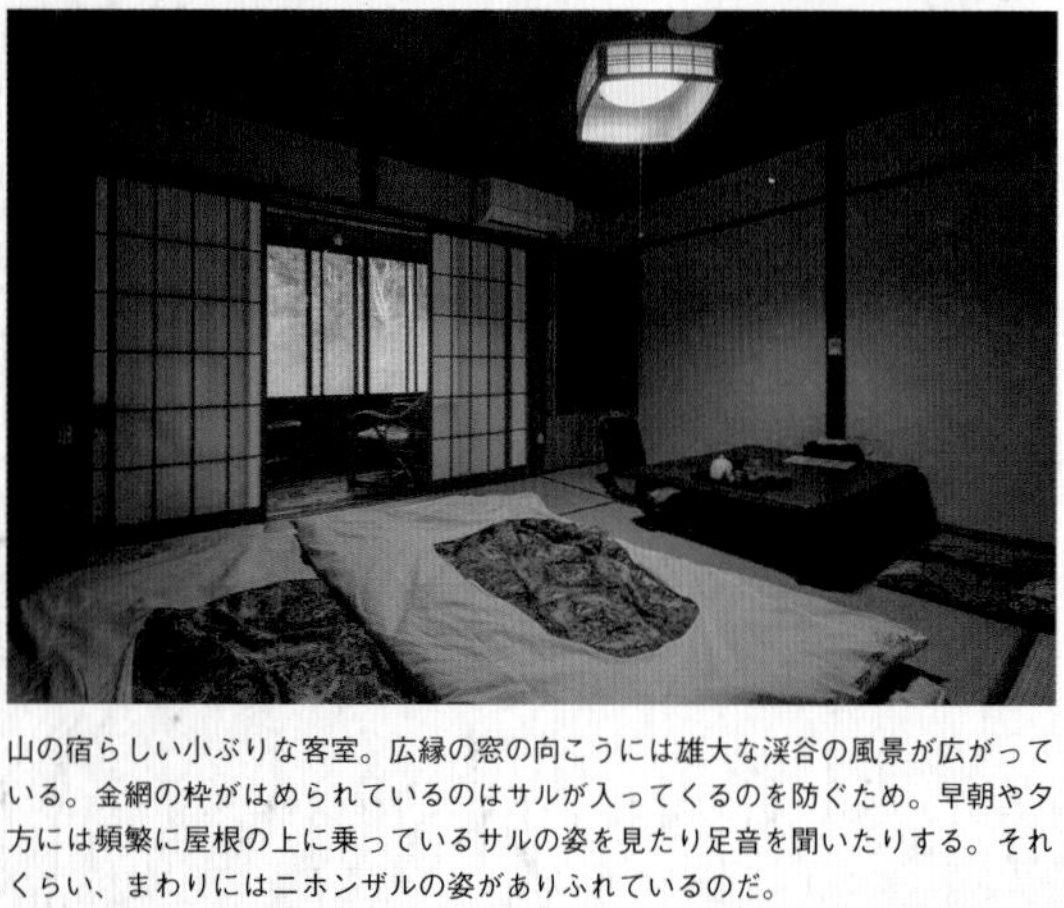

山の宿らしい小ぶりな客室。広縁の窓の向こうには雄大な渓谷の風景が広がっている。金網の枠がはめられているのはサルが入ってくるのを防ぐため。早朝や夕方には頻繁に屋根の上に乗っているサルの姿を見たり足音を聞いたりする。それくらい、まわりにはニホンザルの姿がありふれているのだ。

内湯の温泉。「延命の湯」と呼ばれており、お湯は無色透明で、タマゴスープのようなふわふわとした湯華が漂っているのが特徴。わずかに硫黄の香りがし、口に含んでみるとタマゴ味と塩気を感じる。源泉温度は70度と高温なので加水して調整しているそうだ。

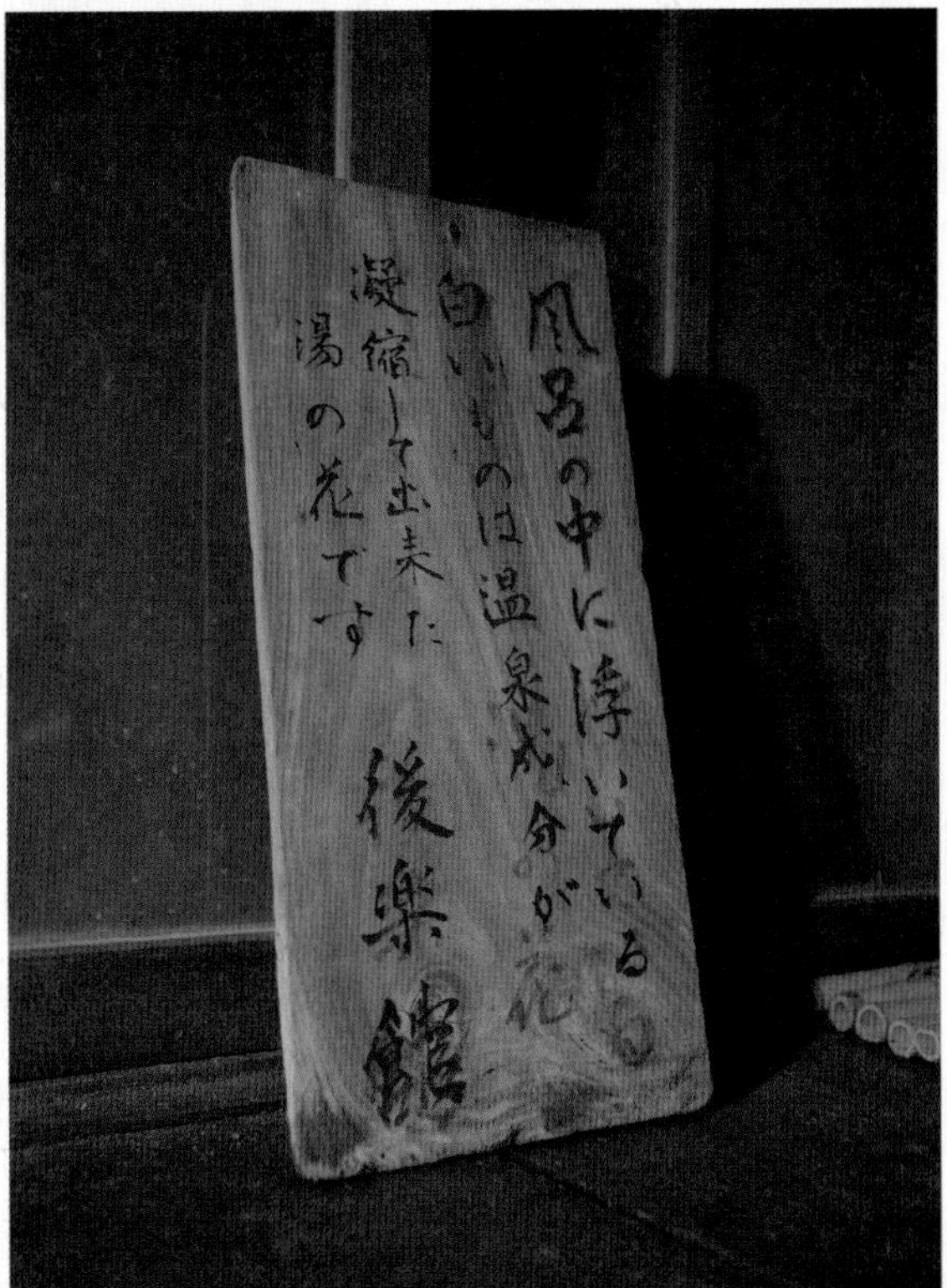

外国人観光客が宿泊することも多いため、湯華の説明書きがある。

湯舟へ向かう長大な階段。

《竜宮閣《りゅうぐうかく》》

静岡県熱海市田原本町

行楽地、熱海の知る人ぞ知る鄙《ひな》び温泉宿。

熱海温泉といえば大きな知名度を誇る温泉地の一つだが、そんな熱海温泉にも鄙《ひな》びた佇まいを残した宿がある。

駅前商店街から下りた先、県道沿いに居を構える竜宮閣は、知る人ぞ知る温泉宿として80年以上の歴史を誇る。共同浴場の泉源として使用されていた湯を使い続ける唯一の宿であり、そのレトロな佇まいから何度も訪ねる者が今もあとを絶たない。

私が訪れたのは令和3年の春。関東一円の平坦な土地から小田原駅を超えると、切り立った崖沿いに漁村とミカン畑が並ぶ地域が現れ、桜が咲いているのが見える。旅情を誘われる風景の中、熱海駅に到着し、商店街を歩くと、やがて龍宮閣がある中心街に辿り着く。

竜宮閣正面。新しい建物が多めの熱海温泉の中心街では、この風格はある種別格の佇まい。

2階最奥の部屋は熱海の海に面しており、最近マンションや高層ホテルが海沿いに立つまではここから海や熱海花火大会が一望できたという。宿は一泊素泊まりが基本だが、事前に頼めば食事つきも可能だ。

竜宮閣横には長い階段が通っており、古びた看板が味わい深い。地階の浴室はこの階段の道横にある。

扉を開くと、女将と主人の2人が快《こころよ》く出迎えてくれた。熱海駅からは10分もかからない。好立地の温泉宿にもかかわらず、一泊数千円程度で泊まれるのは破格と言っていいだろう。

竜宮閣の創業は昭和13（1938）年頃とされている。客室は全部で5つ。お風呂が地階に2つある素朴な湯宿だ。地階の温泉はどちらも家族風呂に近く、3〜4人程度が一緒に入れる大きさだが基本は貸切での使用となる。昭和初期に造られたという浴槽はタイル張りで、壁には龍宮城をイメージしたタイル画が。源泉かけ流しの湯は弱アルカリ性の若干とろみのあるお湯で、蛇口にもタイルにも湯華がこびりついている様もまたいい。

客室はすべて2階にあるが、とくに一番奥の部屋には階段があり、上ってみると椅子と窓が取りつけられていた。かつてはここから熱海の海岸が見渡すことができたという。熱海でこのような情緒深い湯宿が今もあるのは非常に貴重だ。長く続けてほしい湯宿である。

地階のもっとも大きい浴槽。龍宮城をイメージしたタイル画が特徴的。青い海のような美しい色を湛えたお風呂もよい。理想的なレトロの情緒深さを味わえる。

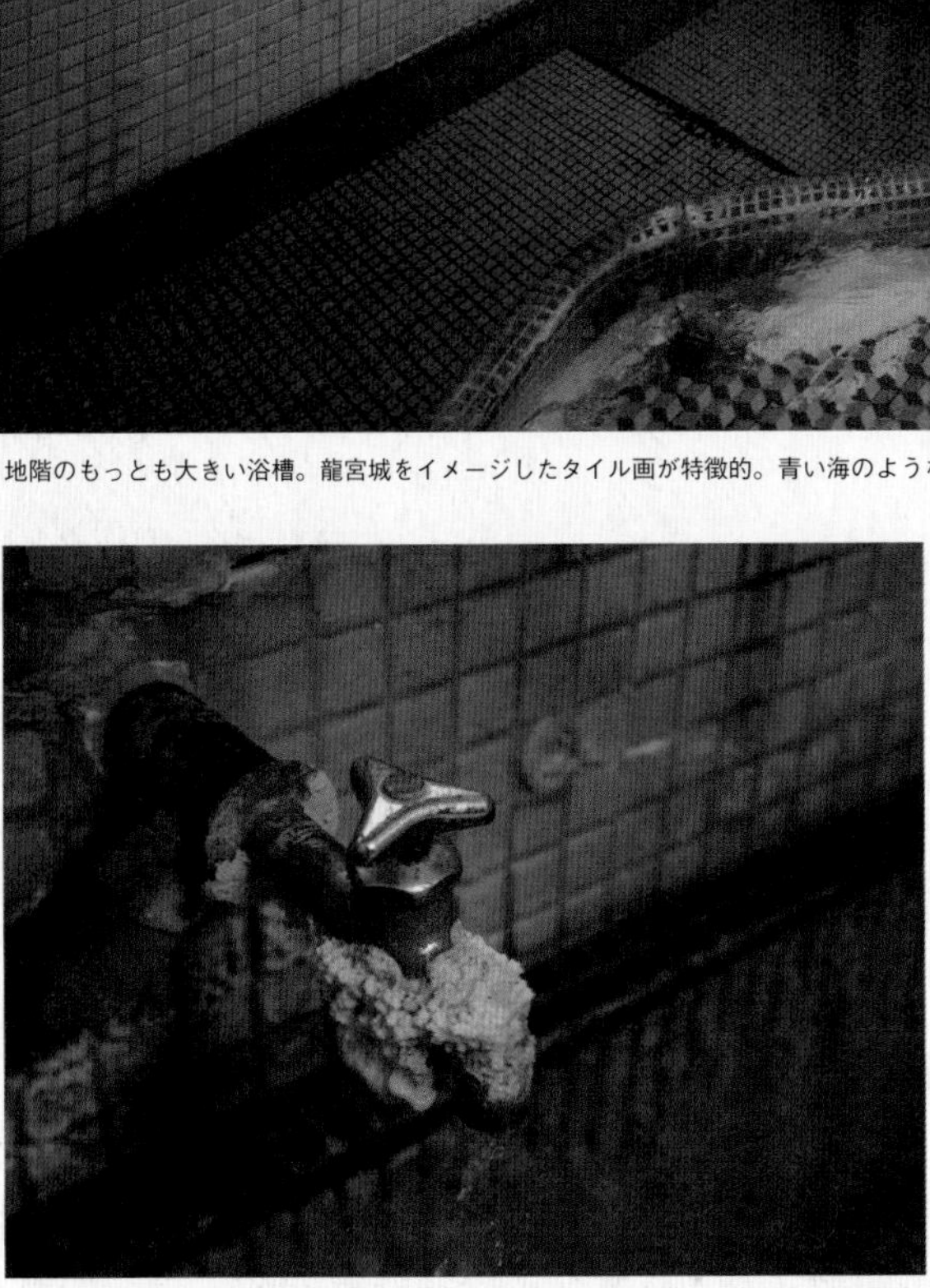

湯華がこびりついた蛇口。お湯が源泉かけ流しである証拠である。1年に1回取り換えないと蛇口が回らなくなるほどお湯が濃いという。

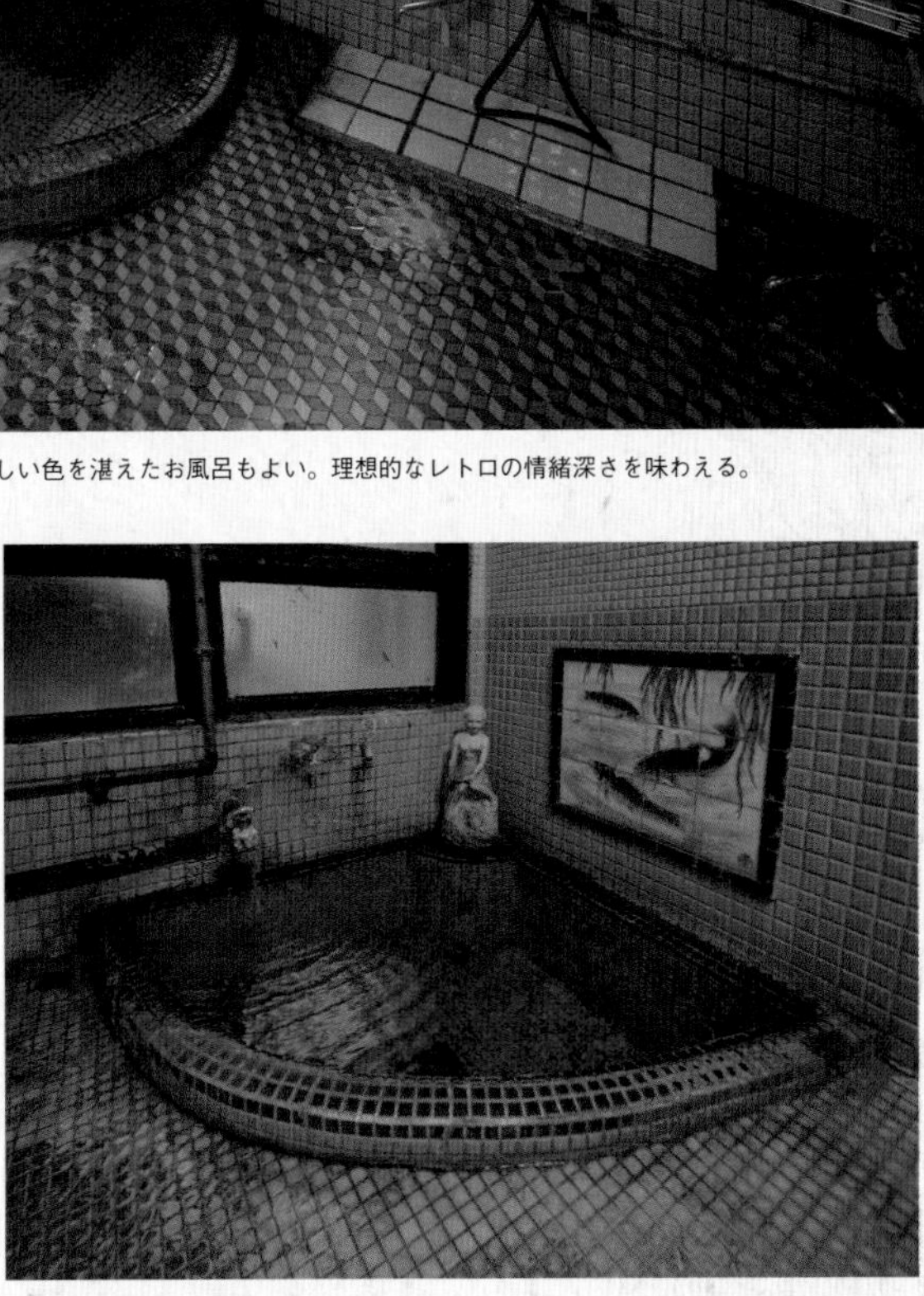

もう一つの浴室は「扇風呂」という名がついている。小さめの湯舟だが、こちらは鯉のタイル画が施されている。

恵《え》那《な》はなれの宿《やど》

岐阜県恵那市大井町

本館奥の離れ宿群。板垣と緑に囲まれた落ち着いた雰囲気。

漂う妖《あや》しさと昭和レトロ。失われた〝あの空気感〟を留めた恵那の宿。

昭和末から平成初頭の時代は、ある種独特の空気感があったように思う。前時代的な日本の価値観、昭和になって育まれた新時代の価値観、そしてどことなく垢ぬけ切れていないアナログ感が混ざった妖《あや》しい空気感とでも言おうか。

一億総中流と呼ばれた時代が生んだ遊興施設や娯楽の数々、偶像型アイドルやヤンキーカルチャー、バブル期の金満文化、それでいて少しズレた日本の伝統文化を流用したアミューズメント施設やテレビ文化などが生み出したあのナウでヤングな感覚を、私は非常に愛している。

今はほとんど消えて久しい地方のレジャーランド、峠道沿いのボウリング場跡やドライブイン、古風なゲームセンター、巨大なハコモノ施設やホテル（とくにゲームコーナー）などにときおり現れる〝あの空気感〟を言葉にするのは非常に難しい。

それらは平成中期においてはダサいとされていたが、今ではすっかりそのダサいと言っていた平成中期まで含んで「平成レトロ」という名前をつけられて愛好家が生まれていたりもする。

しかし、そういった言葉では決して言い表せない、何とも言えない天然物の空気感があの時代にはあった。そして悲しいことに、それに対する愛情表現が、一見煽《あお》っているように受け取られるのも愛好者の難しさだと感じている。それらは現代的な価値観からすれば、決していい表現ではない場合があるからだ。

恵那はなれの宿（旧恵那ラヂウム温泉館）は、あの時代に溢れていた〝少しズレた何か〟を感じずにはいられない独特の雰囲気を持った武骨な宿だった。

市中心部から恵那峡へ向かう

本館正面玄関。木曾石や巨石を使った庭園と赤を基調にした館の建物は非常に映える。

暗くなってから照明が灯されたアプローチの雰囲気は素敵だ。ビルディングは「ビルヂング」、ラジウムはやはり「ラヂウム」の表記が似合うなぁ……などと考えながら歩いてみる。

小槌、扇、ひょうたんなど、和風の透かし彫りが施された温泉棟。外側は朱色、内側は藍色の壁で装飾されており、こちらもまた目に美しい。

途中に現れる看板を目印にハンドルを曲げると、駐車場の向こうに巨石と石灯籠に囲まれた赤壁の建物が見える。

開業は昭和20年代で、温泉がある棟以外はすべて平屋の一棟貸し離れに宿泊する形である。緑に囲まれた離れは和の雰囲気に満ちており、夜のぼんやりした灯りに満ちた庭園はなかなかの美しさだ。一見普通の和風温泉宿に見えるが、よく見ると鳥居や水車が無秩序に並んでいて、酔狂な老人が趣味で作った〝なんちゃって庭園〟らしさをどことなく感じる。

温泉棟に入ってみると、赤い朱塗りの壁と青色の壁にひょうたんや扇の形の透かしが施されており、休憩室も朱の壁と庭の緑のコントラストが絶妙で美しい。だが、その横には古きよき時代の空気感がこもった温泉の由来説明板がある。

こういったところも、平成の中頃までよく見られたあの時代の残滓《ざんし》を感じてよい。また、受付の愛想がいいとは決して言えない接客態度も、この宿にあっては逆にそれが味として機能しているように感じられた。

この〝どこかズレている〟ような前時代的レトロさは、抽出されたお洒落なものか、あるいは時代が停止したかのような空間として残るものがほとんどとなった現代ではある意味相当に貴重なのである。

種々書いたが、温泉の泉質は決して悪くはない。日帰り入浴も可能で、食事も飛騨牛や土地のキノコがふんだんに使われた料理が提供される。東濃や南信地方では今も食べられている昆虫料理が出てくるのも興味深く思った。このまま長く残っていてほしいと思ったが、コロナ禍で深刻な営業不振に陥ってしまった同館は、現在では再生のために経営が一新されたという。ただ、内装や設備などは大きく変わっていないようなので、このような天然物のレトロと武骨さを愛好する方にはぜひとも訪れてほしいと思う。

温泉棟の休憩スペース。朝日と朱の壁の色味に目を奪われる。

放射性元素のラジウムをイメージし、原子マークを施した館オリジナルの浴衣。恵那ラヂウム温泉館のものは非常にレトロで素晴らしいデザインだ。販売していたら買って帰りたいほど気に入った。

夕食。飛騨牛やキノコの炊き込みご飯を味わう中、小鉢をよく見ると東濃地方でよく食べられている「ヘボ」が。要はツチバチの成虫と幼虫であり、「閉坊」が訛って「ヘボ」と呼ばれる。味は淡白な魚介類の卵やエビに似ておりとても美味しい。精力がつく食べ物として現地では人気なので、気にならない人はぜひ食べてみてほしい。

近畿・中国

旅館 橋本の香

二見浦の目抜き通りに面した麻野館本館。明治28（1895）年築で、平成26年に国の登録有形文化財になった。

二見浦《ふたみうら》 麻野館《あさのかん》

庶民の旅発祥の地――伊勢、二見浦の古きよき名宿。

三重県伊勢市二見町茶屋

伊勢神宮から鳥羽の深い入り江が続く一帯への中間地点、穏やかな砂浜と松原が広がる二見浦は、日本の観光旅行の黎明期から今に続く、風光明媚な観光地だ。

二見浦は伊勢神宮神域の五十鈴《いすず》川河口の砂浜で、内宮《ないくう》への参宮者はここで禊《みそぎ》をして身を清めてからお参りする習わしがあった。砂浜と海は東向きで、伊勢神宮の天照大御神《あまてらすおおみかみ》を象徴する日の出と常世《とこよ》から波が打ち寄せる神聖な場所ともされた。

砂浜奥手の海面から頭を出した夫婦岩《めおといわ》も全国的に有名な景勝地であり、伊勢のお蔭《かげまい》参り客に親しまれてきた。

明治16（1883）年、二見浦は初の国指定海水浴場となる。当時の海水浴は行楽も兼ねた医療行為とされており、海水冷浴と浜辺で温めた海水温浴を繰り返して健康の増進を図るとのことであった。

明治20（1887）年には皇族や要人のための宿泊施設「賓《ひん》日館《じっかん》」が建てられ、のちの大正天皇も静養のため御滞在された。

昭和に入ると浜辺の裏手に位置する音無山《おとなしやま》へ上るロープウェイも開設され、観光開発が本格化していく。修学旅行は明治期に生まれたが、戦前期から戦後にわたって関西地方の学校における修学旅行先といえば伊勢であり、今なお明治期以来の古風な木造旅館が立ち並ぶ浜辺には、数多くの団体客が訪れている。

私が初めて二見浦を訪ねたのは平成29年の春頃で、このとき宿泊したのが麻野館だった。二見浦でもとくに古い旅館で、賓《ひん》日館《じっかん》と同じ建築家の手によって造られた本館は明治28（1895）年築、国の指定登録有形文化財になっている。

玄関に入ると長い廊下が海へ向かって伸びており、途中でコの字の背の高い階段に曲がると、3階建ての古びた旅館の躯体《くたい》がよく観察できた。案内されたのは海が見える3階一室。到着が日没後であったため窓の外は暗かったが、伊勢湾の夜景の光と海沿いの遊歩道に照らし出された松林の影、そして静かな渚の音が部屋まで聞こえてきた。

麻野館は砂浜と松原のすぐ目の前に立っていて、部屋からの眺望がとてもいい。女将に浴場を案内してもらったが、夫婦岩《めおといわ》のタイル画が設《しつら》えられているのが素敵で、古来から禊《みそぎ》を行う場所とされた夫婦岩《めおといわ》と風呂をかけているそうだ。

夕食は伊勢海老とサザエの壺焼きで、どちらも伊勢・志摩の名物だ。昔は二見浦でもサザエの壺焼きを売る露店の女性がよくいたという。サザエは北海道に棲息していないので、私はこの時初めて食べた。このサザエのフタは記念に持ち帰り、今でも机に飾っている。

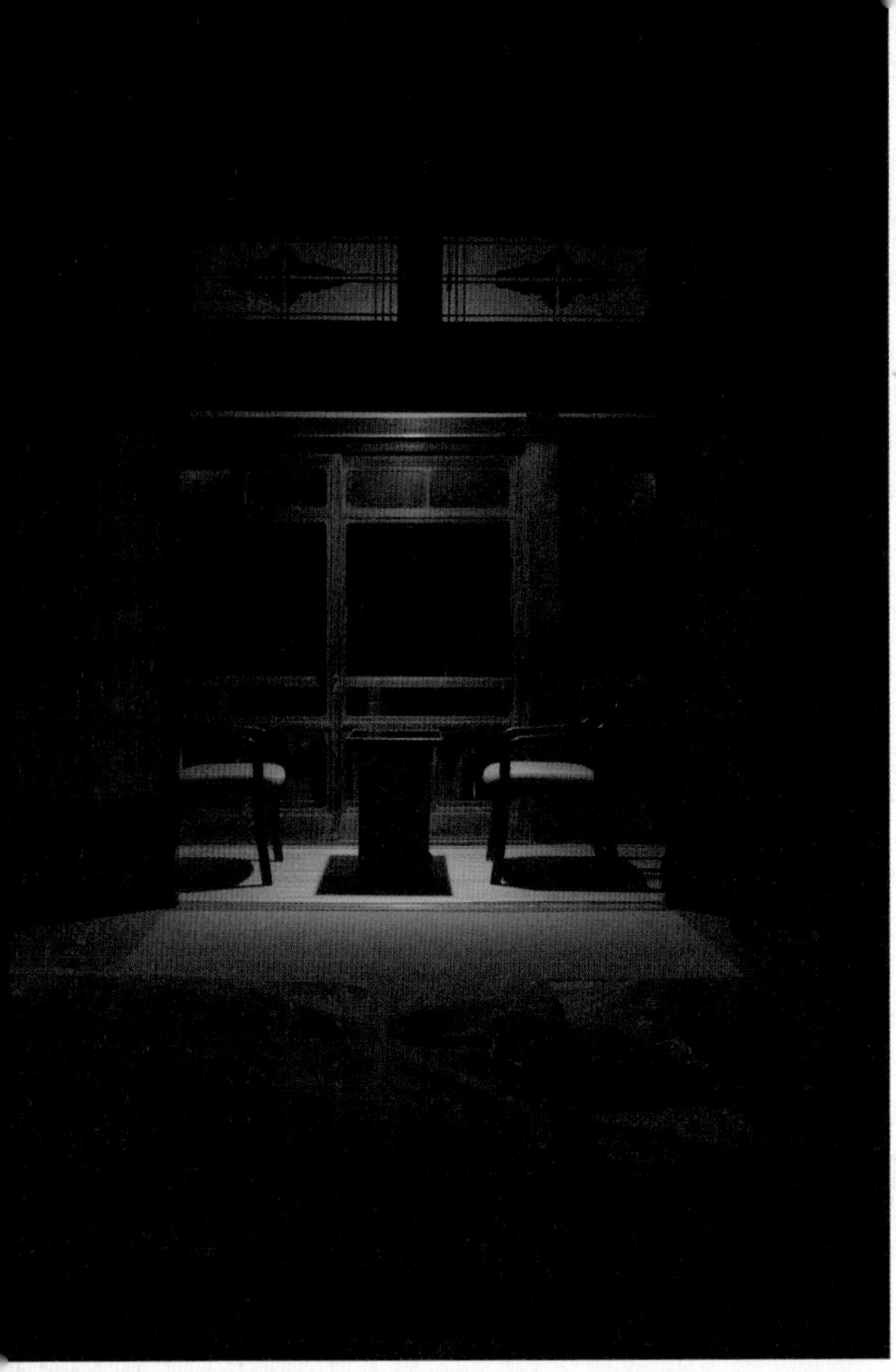

麻野館３階の一室。窓辺から常に波の音が聞こえる。この旅館に泊まったことが鄙びた旅館の楽しみを覚えたきっかけの一つだった。夜の情緒深さがまた素晴らしい。

２階洗面所に残っていた、戦前のアサヒビールの販促グッズ。旅館では各酒造メーカーや銘柄の印字が入った鏡や温度計がよく残っている。それぞれ探すのも楽しい。

麻野館裏手の浜辺より。海水浴で賑わった時代に建てられたゆえに今も海側に「麻野館」と書かれた銅看板が残る。海水浴や浜辺の観光を売りにしていたようだ。

二見浦の奥の海面に頭を出した夫婦岩。全国でも有名な景勝地だ。

階段３階の踊り場から。明治期の大型木造旅館でこれだけ階段が広いものも珍しい。

麻野館、館内の建築。タイルや木組みが美しく、文化財として登録されるのもわかる。ちなみに食事はこの廊下奥の食堂として使用されている和室でとる。

伊勢河崎《いせかわさき》の町宿《まちやど》 星出館《ほしでかん》

伊勢の歴史を留めた中庭のある町宿は、
来日外国人観光客にも大人気の宿。

三重県伊勢市河崎

三重県の四日市から伊勢の旧街道沿いには今でもお伊勢参りに関連した旅人宿が多く残っている。外宮《げくう》から20分ほどの伊勢市中心部にある町宿、星出館もそんなお伊勢参りの者を泊めてきた宿で、現在ではその唐破風《からはふ》屋根と赤い太鼓橋のある造りが外国人観光客にも人気となっている。

伊勢市へは近鉄とJRの2つの鉄道会社が乗り入れており、星出館は近鉄の駅のほうがわずかに近い。

5月だというのに汗ばむ陽気の中、10分ほど駅から歩くと道路沿いにひときわ渋さをにじませた建物が現れた。木造2階建て、玄関は唐破風《からはふ》屋根に木製の看板が夕陽に輝いていた。

玄関をくぐると豪奢な和風シャンデリアと屋号の書が額飾られている。連休中であったため、女将や若主人が大忙しで対応されていた。

星出館——変わった屋号だが、これは経営者の名字そのままで、現在の女将で四代目、元は薬問

2階建ての星出館外観。表は人通りの多い通り沿いで、裏は勢田川が伊勢湾へ注いでいる。

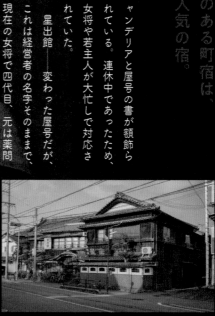

奥側の階段を下りると中庭と風呂場の目の前に下りられる。風呂上がりに椅子に腰かけて休んでいると水琴窟の涼しげな音が聞こえ、雅を感じる。

屋を営んでいたという。

　通されたのは2階のちょうど木製看板がかかげられた真上の部屋であった。荷物を置いてそのままお風呂やトイレの場所を案内してもらうが、興味深いのは館内が上から見ると三角形をしていて、2階は空中に配された赤い太鼓橋を渡って建物を一周できることである。

　また1階は真ん中に中庭があり、水琴窟《すいきんくつ》が置かれていた。詳しい年代は判然としないそうだが、少なくとも大正期頃までの建築だということで、こちらの建物も登録有形文化財に指定されている。ところが指定されたのが令和3年とのことで、銘板が届いたばかりでどこに貼ったらよいものか、若主人は大いに迷っているという。

　ひとしきり案内が終わり、まだ夕食の時間まで余裕があるので館内を散策することにした。

　部屋から1階に下りる階段がすぐ目の前にあるので、まずは玄関付近である。土壁にひょうたんや盃が埋めこまれており、柱時計の奥には伊勢の観光案内

玄関すぐ横にある休憩スペースの一室。中にはゼンマイで回る古い蓄音機が置かれており、実際にレコードをかけて聴くことが可能だ。

夕陽が美しい2階の空中橋。ぐるりと一周できる構造で、到着時の案内もここを通って館内を巡る。

玄関部。天井に和風のシャンデリア、「星出館」の揮毫、柱時計など和風旅館の雰囲気に満ちている。

パンフレットや郷土史料関連の本を置いたひと部屋がある。

その横には古風なソファとガラスに囲まれた休憩室がある。ここでは昼間の間、年代物の蓄音機を使ってレコードを聴くこともできるという。宿のスペースとサービスのすべてに凝った造りが凝縮されている。

館内は各所に英語や中国語などで案内も表示されている。とくに浴場は風呂と別にシャワースペースも設けられており、外国人観光客に対する配慮が見て取れた。伊勢という日本の伝統的風土が今も根強く残る地域で、伊勢神宮にも近い好立地の場所にこのような建物があるのだから、世界中の観光客に大人気になるのも理解できる話だ。

女将によれば、このあたりは伊勢の河崎と呼ばれる歴史的な地区で、かつては裏手の勢田川《せたがわ》に沿って商業や運輸が活発だった。また、参宮客でも賑わい続けてきたという。

実際、この宿だけでなくまわりの建物はほとんどすべて木造の古い家屋であり、商店街や銭湯が今なお営業を続けている。旅館も当然のことながら、ほかにいくつもあったそうだが、今も河崎地区で営業を続けているのは、こちらの星出館のみとなった。そして今では伊勢の川運もほぼ消えてしまった。しかし、このように伊勢参りによって形づくられた町並みと文化は今も残っている。

古い旅館や町並みを訪ねているとしばしば思うことだが、こうした過去の物事や歴史、古いものを評価してくれるのは内部の人間（日本人）ではなく、外部の人間（外国人）でありがちだ。日本人自身が古臭いとして顧《かえり》みなくなったものが、伊勢では外国人観光客によって見直され、そして今につながっている。

時代や価値観は変わっても、変わらずに愛されるものがある。星出館は、そんな事実を教えてくれる宿だ。

館内はトイレや手洗い場が各所に細かくあり、こちらの手洗い場には昔懐かしいガラス棒が敷き詰めてあった。

玄関入ってすぐにある階段。手すりの柱にさりげなく入った星印の意匠が素敵だ。

2階から中庭を望む。三角形に配置された建物の造りがよくわかる。赤い空中橋が特徴的で、外国人が喜ぶのうなずける。

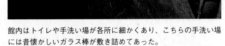

≪海洋楼《かいようろう》≫

三重県伊勢市二見町茶屋

海洋楼の泊まった部屋の広縁から海を眺める。自分が海辺の出身だからだろうか、海が見える宿に泊まるとなんだか安心する。

味わい深い二見浦の風情を満喫できる宿。

麻野館（64ページ）の宿泊から約5年、私は再び伊勢二見浦を訪ねた。前回、到着した時刻がかなり遅めで、また朝も6時に出発したため、伊勢の海と夫婦岩以外をしっかり観光できずにいた。

当時はまだ移動時間や旅先で動き回る距離をギリギリまで詰め込んだ「限界旅行」しか知らず、一カ所に身を置いてゆっくり見てまわるということをしないでいた。今度こそしっかり二見浦の風土を味わおうと再訪したわけだが、たった5年で「一つの旅で一つでも多くのものを見て回る」から「一つの場所をじっくりと深く味わってみる」と意識や思考の選択の幅が増えている自分を見て、年齢とともに人は変わることを実感する。

宿泊した宿は景勝地、夫婦岩に近い場所にある海洋楼。昭和15（1940）年創業で、木造とSRC造併用の団体旅行全盛時代のレトロモダンな宿である。

昼下がりに到着し、先に荷物を置きにいく。下駄箱と土間の広い造りのロビーは壁紙や照明が今や懐かしい煌《きら》びやかな昭和の香りに満ちていた。

陽のあるうちに、以前立ち寄ることができなかった二見浦のお土産屋さん街や景勝地を巡る。貝殻を売るお婆さんの老舗の土産屋と、二見浦名物の御福餅本家はどうしても再訪したかった。

5月の連休の二見浦は、湾の向こうまで晴れ渡り、さまざまな年齢層の観光客が思い思いに浜辺を散策していた。

夕暮れになり、宿に入ると関西圏の某高校テニス部員が宿泊しており、楽しそうに笑顔を輝かせていた。どうやら伊勢近郊で大会があったらしい。海洋楼は現在、こうした小中高生の団体宿泊で賑わっているそうで、フロントの男性が「年齢的によくないかと思いまして……」と、裸婦をモチーフにした風呂場のレトロタイル画を最近撤去したと語っていて苦笑した。

午後9時、周囲の店もすっかり店じまいした頃、部屋の窓を開けると、伊勢湾の穏やかな波の音が聞こえてきた。この宿も道を挟んですぐ向こうは松原と浜だ。伊勢には美味な地酒梅酒がある。冷やしていた「おかげさま　にごり梅」を開けようとすると、先ほど館内で見かけた高校生たちが浜辺で記念写真や動画を撮っているのが見えた。

私は孤独なひとり旅ばかりだが、こうしてそれぞれ旅を楽しむ姿が同居し、交錯する旅先の時間がとても愛おしく感じる。

相手もなく乾杯をする。波の音と嬌声に耳を傾けながら伊勢の海の夜は酔夢に溶けていった。

海洋楼正面から。３階建ての楼閣に、コンクリート建築の新館が付随している。このあたりにはかつて裏手の音無山へ上るロープウェイの駅があった。

海洋楼正面玄関。大口の団体客の受け入れが多かったため、上り口がかなり広めにとられている。主に階段を上がった先が客室で、左側の廊下が客室と何カ所かの風呂場、そして食堂となっている。

１号浴場、夫婦岩を描いたレトロなタイル画が施されている。夫婦岩は二見浦を象徴する景勝で、古来禊を行う場でもあった。

二見浦の砂浜。遊歩道があり、皆思い思いに伊勢の時間を楽しんでいる。

滋賀県高島市今津町今津

《福寿旅館《ふくじゅりょかん》》

琵琶湖畔に佇む宿で月と孤独を楽しむひと時――

滋賀県の中央部に座る琵琶湖。高島市の今津は、湖西に広がる街道地域の一つだった。福寿旅館は、今津に残る家族経営の素朴な料理旅館で、琵琶湖の波打ち際からわずか10メートルほどの場所に立っている。

北海道に住んでいると、淡水と親しみのある生活や文化とはかなり縁遠い。湖や川があってこそ成り立つ文化がサケや漁業以外は希薄なのだ。その点、本州は水路が発達した古い町のほか、渡船や川漁が今でも営まれている。そうした淡水文化に私は一種の憧れに近い感情があり、一度湖に近い宿に泊まりたいと思っていた。

そこで泊まらせていただいたのが福寿旅館だった。だが、泊まったのは12月24日。世間がク

福寿旅館の外観。今津の琵琶湖畔の通りに面しているが、看板の矢印が示すとおり、宿の本体は路地の奥にある。

部屋の窓から琵琶湖畔を見ると、金色の月が東岸から昇りつつあった。気分は平安貴族や文化人だ。

玄関の脇に「火廼要慎」と書かれた拍子木がぶら下がっていた。この漢字を用いた火伏のまじないを見ると京都文化圏であることを感じる。

玄関。著名人の色紙が飾られており、「知る人ぞ知る宿」と言った趣がある。

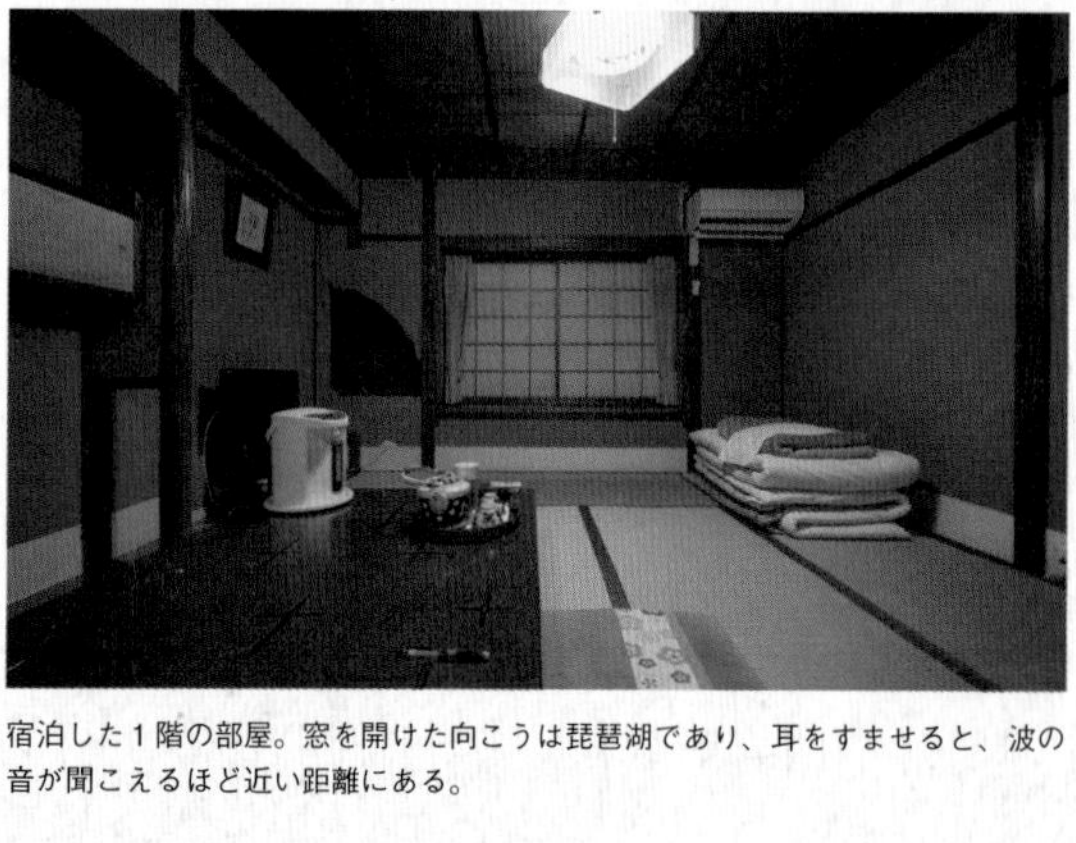

宿泊した1階の部屋。窓を開けた向こうは琵琶湖であり、耳をすませると、波の音が聞こえるほど近い距離にある。

リスマスで騒がしい日であった。
宿に着くと若い女性が出迎えてくれた。女将かなと思ったが、まだ若女将だとのこと。高齢の女将は、クリスマス用の家族の食事を作るのに忙しく、代わりに「私がご案内します」とのことだった。琵琶湖の魚を使った料理が自慢の旅館だが、さすがにこの日は素泊まりのみだ。

若女将が、通してくれた部屋の窓を開けて見せてくれる。冬の饐《す》えたような匂いの冷たい空気と、眼前に静かな琵琶湖の波打ち際の風景が飛び込んできて、思わず感嘆の声を上げた。

「これが見たくて泊まりにくる方も多いんです。もう少ししたら月が昇ると思いますよ」

そう言って、若女将は別棟へ下がっていった。その日の客は、やはりというか私だけだった。

夜も更け、女将と家族の住まわれている棟からは、時折お孫さんがはしゃぐ声、窓の向こうからは波の音が聞こえてくる。この雰囲気を前に情緒深さは一気に加速し、私の心には不意に大きな孤独感が去来した。

旅は自由だ。さまざまな人と話をし、時にお土産をいただいたり、ひと晩、宿の主人と語らうこともある。だが、それは旅のひと時の関係であって、私は彼らの人生や土地に深くかかわれるような存在では決してない。

侘《わび》しさと寂しさが窓の向こうに現れた金色の月を見てより強まる。旅には、こうした感傷を通して心を浄化する側面があるように思うのだ。日常で溜まった心の澱《おり》を、旅先のさまざまな出来事を通して濯《すす》ぐのだ。ここに自分の居場所は存在しない。私はここでいったい何をしているのだろうという悲しみに包まれるこの感覚こそが、浄化そのものでもあるのだ。

翌朝、出立しようとすると、「昨日はお構いもできず申し訳ありません」と、女将が玄関から通りまで出てきて見送っていただいた。近畿地方の冬は底冷えして、しっかりと目が覚める。

今度はきっと夏に泊まり、女将の料理と湖畔の侘《わび》しさをまた……と心に誓うのだった。

旅館前の路地。玄関先から朝日の昇る琵琶湖が見え、そのまま湖へ飛び込めそうな距離感だった。海と違って波が荒れることも塩害もないためか、淡水域の親水建築は全体的に海よりも水に近しい感覚がある。

《御旅宿《おたびやど》 月屋《つきや》》

京都府京都市下京区新町通五条下ル蛭子町

1階玄関から続く奥に長い廊下。電飾も古いガラス製の笠を使っていたりなど、雰囲気は旅情たっぷり。

気分は京都の下宿生。大人気の京町家に泊まってみる。

古い町並みや物事が好きな人間にとって、京都の町家建築は憧れにも近い存在である。現代の家屋から見れば気密性も防音性もなく、決して住みやすくはないのかもしれない。

だが、京都という古い歴史と近現代の文化が混在した大都市において、昔からそこで立っている家屋に住まい、自らも景観の一部となり、また家を未来に伝えるような生き方を送るというのは悪くない。いや、ぜひしてみたいと思ってしまう。一方で、実際にそれをやろうとするとハードルは非常に高いのもまた然りである。

烏丸五条の京町家が並ぶ通りにある月屋は、そんな京町家の生活を宿泊という形で気軽に楽しめる宿だ。

このあたりは京都市街の中でも京町家の古風な家並みと近代建築のレトロモダンな家屋が密集している。少し歩くだけで八坂神社の厄除け粽《ちまき》を門につけた町家や、スパニッシュ様式の織物問屋の事務所、小さな辻地蔵のお堂が立つ中を地元の小中学生が登下校している姿を見かける。まさに京都らしい、時間軸の折り重なった景観が広がっているのだ。

月屋は、その中で決して飾らず、それでいて京都の古風な生活をしっかりと伝えるかのように、門先に「月屋」の文字入りの電灯を掲げて立っていた。木造2階建てに虫籠窓《むしこまど》、黒い甍《いらか》を重ねた建物はイメージどおりの京町家だった。

玄関を開けると、奥に向かって長い通り庭があり、その脇に受付代わりの座敷と台所が見えた。「うなぎの寝床」と言われる京町家の造りそのものだ。管理人に出迎えていただき、2階の表通りに面した6畳間の部屋「朔《さく》」に通してもらった。ここは正面から見えた虫籠窓《むしこまど》の部屋である。天井が斜めになった小さな一室は、まるで戦前期の学生が下宿に借りた部屋のように感じられ、「ああ、ついに夢が叶った」と感動に震えた。

月屋の建物は、もとは京都洛中市街ではどこでも見られるような民家の一つに過ぎなかった。いつからこの地に立っているのかは定かではないが、少なくとも昭和20年頃までは確実に遡れるそうで、テーラー、アトリエなどさまざまな店子《たなこ》に引き継がれながら今は「京町家の宿」として開業するに至った。

最近まで、姉妹宿として近所に「ゲストハウス錺屋《かざりや》」という同じく京町家の宿があったそうだが、そちらは諸事情で解体されてしまい、残念ながら駐車場になったとのことだ。

烏丸五条の路地沿いに佇む宿外観。

宿の正面や横の路地にも京都の路地らしい雰囲気が満ちている。この中を人びとが行き交う風景が旅行者の自分にはとても情緒深く感じる。

虫籠窓の下に、路地を歩いて行く人びとの息遣いさえ聞こえる。まるでこの街に自分が住んでいるかのような錯覚を覚える。

宿泊した表通りに面した一室「朔」。古い町並みを歩いている際、こういった虫籠窓の建物の奥はどんな部屋なのだろう……とよく思うことがあるが、この宿ではその虫籠窓の向こうの部屋に実際に泊まることができる。天井は斜めに走っており、本来は中2階、屋根裏部屋にも等しい造りであるようだ。

1階奥の一室。京町家らしい坪庭がある部屋で、私の宿泊時は椿が咲いていた。

2階奥の部屋。大口の宿泊者用の部屋。

近年、京町家はその人気とは裏腹に維持管理の問題、再開発などの理由で解体されるものも増えており、残す道を模索してもなお消えていくともなればより稀少な存在と言えるだろう。

月屋は外国人にも人気の宿だ。しかし、折しも私がお世話になったこの時はコロナ禍の禍中で、宿泊者はなんと私ひとりだけであった。せっかくなので、女将のご厚意でほかの部屋もすべて見学させてもらえた。

館内は私が宿泊している部屋のほか、2階奥の2間続きの部屋「望月《もちづき》」、1階で京町家らしい坪庭が見える「弦月《げんげつ》」、1階の通りに面した洋風板床ベッドつきの「三日月」の全4室だ。

すべてが理想的な京町家の設《しつら》えとなっており、宿泊の際は公式サイトからの好みの部屋を選ぶ形式となっている。

古い家屋となると気になるのが水回りだが、もちろんきれいにリノベーションされている。お風呂はボタン一つでお湯張りまで全自動化された壺湯で、外国人観光客向けの操作案内までついており感心した。

古い建物は基本的に壁が薄い。通りに面した部屋ともなれば、道行く人の話し声がはっきりと聞き取れるほどだ。しかし、うるさいとは感じない。冷たい春先の雨が降る中、人の話し声と歩く音、そして傘の並びがいくつも虫籠窓《むしこまど》の向こうを通り過ぎていくのが見えた。

くつろぐ時間も食事も睡眠も、すべてはこの小さな6畳間で流れていく。最高の情緒深さと雰囲気を味わえる京町家の宿であった。

1階玄関すぐ横の洋室。こちらはレトロモダンな雰囲気たっぷりの部屋。4室すべての部屋に魅力があり、それぞれ別の時期に泊まってみたくなる。

洞川温泉郷《どろがわおんせんきょう》　桝源旅館《ますげんりょかん》

奈良県吉野郡天川村洞川

講中宿《こうちゅうやど》が並ぶ奈良の村で信仰と観光の挟間を見る。

桃源郷という言葉がある。現実世界から隔絶された仙境、理想郷の意だ。私はこの言葉に「俗世間から隔絶された、現実と夢の境界線が曖昧《あいまい》な場所。時に苦もあり楽もある、不思議で妖《あや》しい宗教的な香りを包含する場所」というニュアンスを勝手に感じている。

　奈良県は紀伊山地真っただ中、天川村《てんかわむら》の洞川温泉郷集落も、私には桃源郷の一つに感じられた。洞川集落は古くから山岳信仰の山、大峰山への入山口で、修験者用の宿が発達していた。古くは町全体が女人禁制とされていたが順次解かれて今は山そのものだけとなった。戦後は観光温泉地としての性格が強まったが、今でも大峰山を慕う山岳信仰は根強く、毎年5月頭から9月末の開山中は、関西一円から白い衣装に身を包んだ大勢の行者講《ぎょうじゃこう》の男たちが訪れる。

　そんな洞川温泉郷でお世話になったのは桝源旅館。街のほぼ入口に位置し、本館に入ると、玄関や壁いっぱいに懇意の行者《ぎょうじゃ》講《こう》の札がかけられていた。こうした姿の宿は昔、お伊勢参りが盛んだった東海道沿いや大規模な神社仏閣、山岳信仰に伴う講《こう》中宿《ちゅうやど》でよく見られたものだが、現代でその形態が残る姿に感動を隠せない。

　現在は道を挟んで本館が観光客向け、別館が行者講《ぎょうじゃこう》の大口客を泊める場となっている。確かに別館は入口が大きく、12畳ほどの部屋が五〜六間も連なった大広間で構成されていた。毎年5月の山開きの際は、入山前後に宿泊する講信者がここですし詰めになって眠るという。

　陽も暮れかけた午後6時頃に川縁で夕焼けを仰いでいると、向こうの寺から山岳信仰で用いられる法螺貝《ほらがい》の唸り声が響いてきた。宿の若主人に「あの音《ね》は何です?」と訊ねると、ああして定期的に練習しているという。

　陽が暮れてから外に出てみると、提灯の明かりが眩しい温泉街の姿が広がっていて美しい。隔絶された山奥の温泉街を、貸し出されている手持ち提灯をぶら下げて歩くといかにも異界感が強く風情がある。町並みをそぞろ歩く観光客には家族連れや恋人同士、高校山岳部の合宿らしい学生も見られた。

　沿道に最近できたばかりのビール醸造場があり、角打ちで立

洞川温泉郷の夜景。明るいのはこの温泉街周辺だけで、ほかは山の夜の深い深い闇が広がっている。温泉街は夜10時を過ぎるとほぼ消灯となり、私の覚えている限り深夜11時半以降、行きかう車はたった1台だった。

玄関天井に飾られた福箕。関西地方の縁起物である。

旅館本館内壁を埋め尽くす行者講の札。

夕暮れから夜の洞川温泉郷と桝源旅館前。提灯がちょうどいい色合いに染まっている。桝源という特徴的な名前は、これまた創業者の姓名の頭文字をとった屋号で、現在の若女将で八代目になる。洞川温泉はもともと湧いていたものではなく、戦後に掘削して各宿に分配された。提灯も景観を少しでも良くするため編み出されたアイデアだそうで、観光客を呼び込む努力が重ねられている。

五條市の山岳地帯と天川村の境目付近から大峰山系を撮影。写真右手の谷間に川が流れており、道路もそれに沿って天川村と大峰山へ向かう。紀伊山地の山深さが見て取れる。

別館１階、大広間の一つ。こういった大広間が全館にわたって配置されているが、５月の山開きの際はこれでも足りないほどの修験者の集団が宿泊にやってくるのだとか。コロナ禍前の平成31年には、ひと晩で200人が泊まったと若女将が語っていた。早春の季節にあってはそれが信じられないほどの静寂と川のせせらぎだけが支配している。

ったまま酌み交わす観光客の姿も見られた。

古い文化に対して「信仰とはなにか」「伝統とはなにか」と問う者の声がしばしばある。しかし信仰と観光、どちらも両立、混淆《こんこう》してあり続ける村の今の姿はまさしく本物であって、それ自体を論《あげつら》う理由はないだろう。

古い町ではなんらかの産業、祭礼や伝統芸能が人の生活から離れ、廃《すた》れてもなお観光施設やイベントで当時の姿を再現、保存している例が各地で見られる。

それらはあえて乱暴に表現すれば、「文化の死体」と言えるのかもしれない。保存し、伝えようと努力しなければ残らない（もちろん保存し、伝えることは重要であり、その活動を否定するわけではない）。史料的、文化的に価値があるために延命されているとも言える。

世の中から価値を見出されないものは容赦なく捨てられ、忘れ去られていくのだ。

文化の生死という視点に立って見たとき、洞川温泉郷と山岳信仰はどうだろうか。ここではかつての生活と信仰がまだ生きている。文化が遺《のこ》っているのではなく、必要とされ、生きているのだ。ここは景観がよいだけの温泉街ではない。「文化とは、伝統とは何だろうか？」といった思索を与えてくれる、信仰のある〝桃源郷〟なのだ。

夏場の行者で賑わう町の姿もぜひ見に再訪したい。

夕食は本館１階で。衝立こそあるが、なんと仏間でとる形なのが面白い。こういう所もまた信仰の土地であることを感じる。

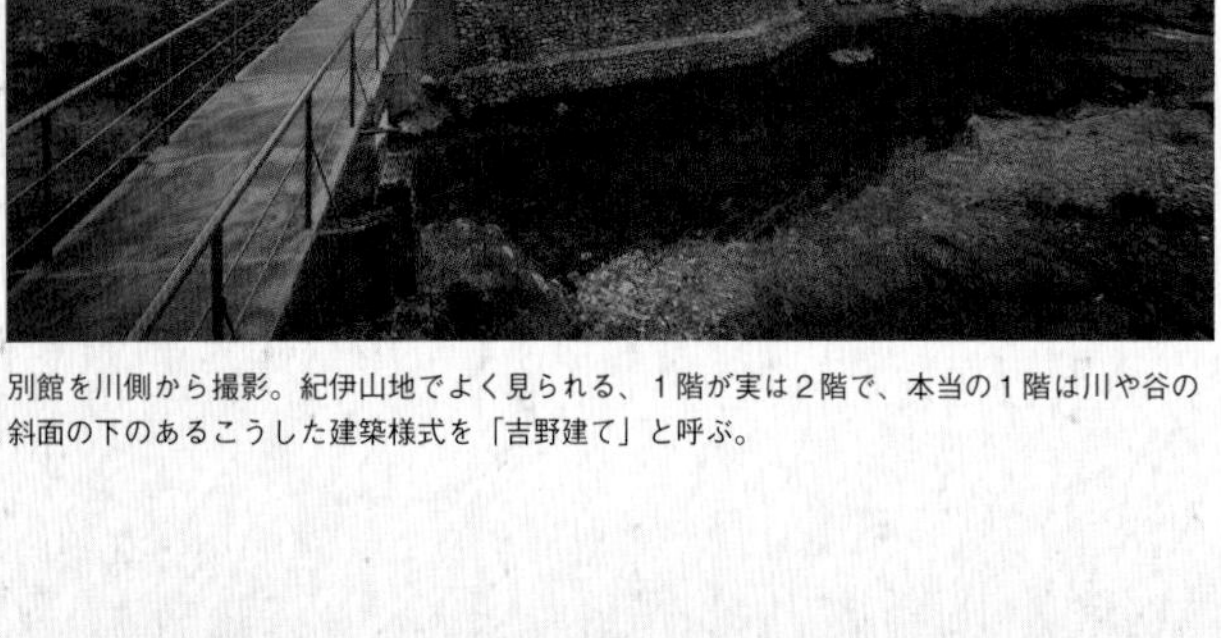

別館を川側から撮影。紀伊山地でよく見られる、１階が実は２階で、本当の１階は川や谷の斜面の下のあるこうした建築様式を「吉野建て」と呼ぶ。

《旅館《りょかん》 橋本《はしもと》の香《かおり》》

京都府八幡市橋本小金川

宿泊した一人用の一室。窓に施された踊る遊女の画が特徴的。華やかさの中に、どこか物悲しさを感じる不思議な画だった。夜もいいが、朝方の蒼い光もまた風情がある。

日本の遊廓遺産を再生して生かす 中国人女将の心意気を見る。

京都と大阪の府境、宇治川、木津川、桂川が合流して淀川となる地点、橋本の駅で京阪電車を降りると、目の前に広大な空き地と朽ちた木造建築が真っ暗な顔をして座っていた。

その横をかすめ、道の真ん中に小さなお堂がある路地を過ぎると、閑静な住宅街の一本道につながる。2階建ての木造家屋が道の両脇に並んでいて、よくよくその窓や玄関を見ると、精巧な鶴や松などの彫刻と色ガラスが施されている。ここはかつて近畿地方でも有数の遊廓街として栄えた橋本遊廓跡だ。

その橋本遊廓跡で近年、再開発がはじまった。元妓楼経営者世代の高齢化に伴い、無住家屋化や売却される家が相次ぎ、駅前に立っていた検番（遊廓の組合や連絡所のようなもの）や通りの元妓楼も解体が増え、更地が目立ってきた。大通り沿いの旧三桝楼も売りに出され、駐車場になる予定が立っていた。そんな折、建物を買い取り、橋本遊廓の歴史を残そうとしたのがこの宿の女将、旧三桝楼を修復して橋本の香を経営するひとりの中国人女性であった。

彼女がこの妓楼を買い取った理由は、古い日本文化が好きで「こんなに素敵な建物を壊してしまうのはもったいない」と、素直に感じたからだという。出身は中国北東部の満州地域で、子どもの頃から日本人が建てた建築物を多く見てきた影響から日本文化に憧れを持つようになり、約30年前に来日して現在は日本に帰化している。

女将は旅館業だけでなく中国エステサロンも経営しており、また、旧三桝楼の三軒北隣にあった橋本で現存最古の妓楼、旧第二友栄楼《ゆうえいろう》も私財とクラウドファンディングを利用して購入。本場の中国茶が楽しめる喫茶店「美香茶楼《メイシャンさろう》」を開業し、続けて

旅館として蘇った旧三桝楼。高級店であったため、部材の一つひとつがこだわり抜かれている。遊廓建築好きにはたまらない宿だ。

令和5年の春には二つの店の間にあった旧大徳楼《だいとくろう》も購入して現在有志協力のもと清掃ののち修復工事予定だという。すさまじい行動力である。

こちらの宿に向かったのは令和5年の春のこと。陽が落ちた夜7時頃に玄関を開けると、奥から女将が現れた。中国の方らしく旅館としては簡素な接客ぶりだが、建物好きにとってはサービス精神たっぷりで、つきっ切りで館内案内をしてくれた。

旧三桝楼は橋本遊廓でも高級店で、昭和10年に開業。2階中庭つきで全16室、部材には当時まだ伐採できた屋久杉も使われており、ステンドグラスのアールデコ調の開閉窓や出窓など、これでもかと華美な装飾が施されている。あまりにも美麗な内装に、「これは最近作られたイミテーション？」とまで考えてしまったが、もちろんすべて当時の物だ。とくに2階一室の楕円形の大型ステンドグラス窓と、表通りに面した2階の窓は圧巻だ。使われている色ガラスの彩色が4枚ずつ違って息をのむほど美しい。

私が泊まったのは館内最奥の一人部屋で、ステンドグラスの代わりに踊る遊女のガラス絵が膠《にかわ》を混ぜた絵具で描かれていた。これももちろん当時のものだ。常夜灯にすると、ぼんやりとした明かりに遊女の絵が浮かび上がり、「この部屋で昔は……」と思いを馳せつつ眠りについた。

旧大徳楼《だいとくろう》は今後、旅館の別館化も検討中とのこと。同じ遊廓の妓楼建築でも、各建物でそれぞれに特色がある。それぞれ見学だけも可能なので大変おすすめの宿だ。

ほぼ真っ暗な通りの中で唯一光を放つ2階の窓が4枚づつ赤、緑、黄、青の色ガラスになっている。

旧大徳楼２階のトイレには「洗滌室」と札がついた一室が残っている。客をとったあとの娼妓が体などを洗うための設備だという。

旅館入口脇に残る鯉と水面の彫刻。これだけの建物と品々が解体されてしまうところだったなんて寒気を覚えてしまう。橋本遊廓の街ではほかにも各家の軒先にこのような彫刻や洒落たガラス細工が施された窓などが見られる。

１階に残る出窓のアールデコ調ステンドグラス。今は洗濯機置き場になっている。夜に中庭から見ると電灯の光に透けてまた美しい。

２階の一室にある、もっとも大きいステンドグラス。旧三桝楼は昭和10年の開業であるから、アールデコ風の設えになっているのも時代的に合致する。上下の四角い枠部分は開閉可能で、右壁面お明かり取り用の窓もステンドグラスになっている。

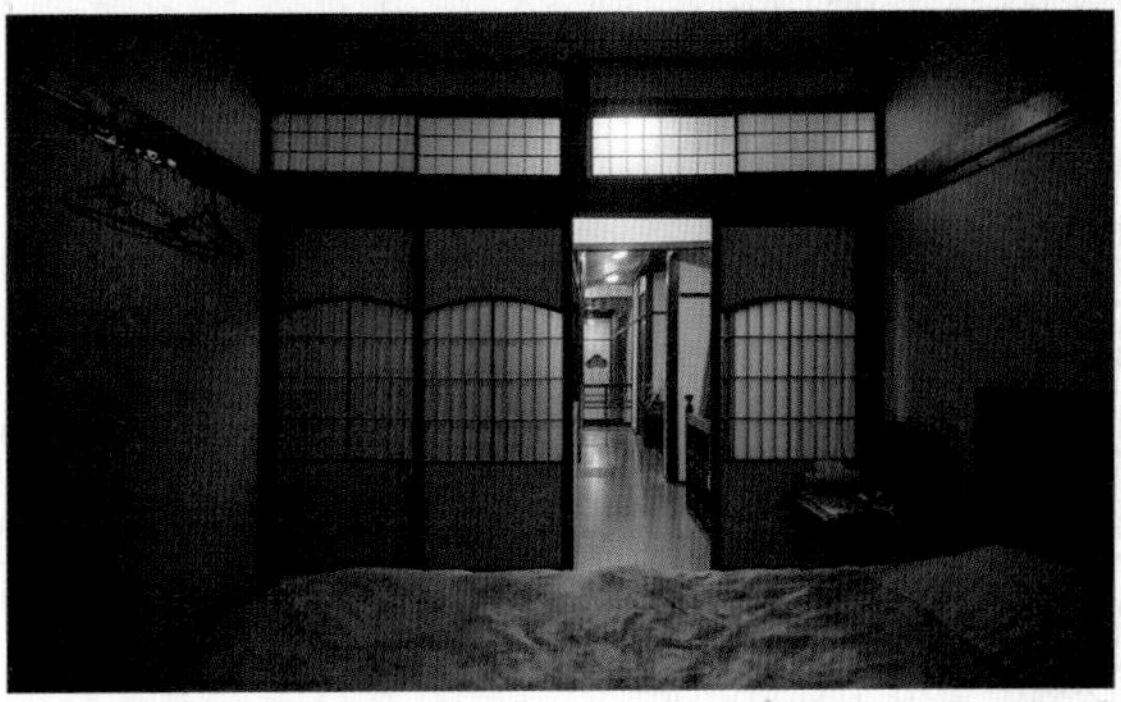

２階の一室。女将に案内してもらっている間、この画角で撮影していたところ、「あら、この角度いいですネ。私、この角度で撮ったことない！　素敵」とスマホで撮影しはじめていた。女将自らが深く遊廓建築を愛していることがわかる一幕だった。

旧大徳楼１階のもっとも広い部屋。この奥が淀川と支流の大谷川で、川舟で出入りする客の目を楽しませるため、あえて道側ではなくこちらの部屋にステンドグラスを配していたという。旧三桝楼のものと比較して、こちらは全体的に鳥の意匠が多い。

旧大徳楼の２階、ステンドグラスの窓。こちらも宿泊した部屋と同じ、踊る遊女のデザインである。

旅館《りょかん》お多《た》福《ふく》

岡山県津山市山下

県北の城下町――津山の町の老舗旅館。文人墨客の品々をしみじみと味わう。

岡山の県北、津山市は県内でも古代は美作国《みまさかのくに》として、江戸期以降は津山藩として独立し、街道筋も山陰道とのつながりが深かったためか、県南部とはかなり異なる古風な町並みや文化が醸成されてきた。

とくに吉井川と出雲街道沿いの景観は今でも古い町並みが集中して残っており、山陰と山陽の中間の風土と武家文化が混淆《こんこう》した独特な景観を見せている。

旅館お多福は出雲街道から路地へ一本入った先、津山市中心部の繁華街に立つ津山らしい古風な旅館だ。

創業は昭和3（1928）年で、一歩玄関に入ればそこかしこに書画や彫刻など、歴史を感じさせる品々が飾られている。これらは旅館の主人らの手で蒐集された津山ゆかりの文人墨客の品々で「作州維新文庫《さくしゅういしんぶんこ》」と名づけられている。

たとえば美作《みまさか》津山藩五代藩主であり名君と名高い松平康哉《やすちか》の手による山水画や広瀬臺山《ひろせたいざん》、津山藩お抱え絵師であった狩野如《かのうじょ》林《りん》の作品が納められ、館内で展示する品は定期的に差し替えられるほか、不定期で企画展も開催している。

玄関部分のみならず、階段や2階廊下にまで所せましと飾られた扁額《へんがく》や書画、掛け軸のある光景は、歴史ある旅館でも一風変わっていて興味深く感じた。

私は素泊まりでの宿泊となったが、この宿では「そずり鍋」や「ケンケン鍋」なる郷土料理の提供も有名だという。とくにケンケン鍋は軟骨を叩いて肉と合わせたキジ鍋料理で、津山藩主お気に入りの狩場料理が由来聞いた。冬から春が旬で、それ以外では提供が難しいので気になる方は宿泊前に訊ねるのがよいだろう。

現在は若主人が中心となって切り盛りされており、古物の蒐集品や料理のほかにも旅館オリジナルグッズの販売など多角的な活動を行っているようだ。

この旅館がある並びはほかにもいくつか古い旅館があった名残《なごり》があり、次に訪ねる際はもう少し時間を割いて町歩きや料理を楽しんでみたいと思う。

玄関。衝立に生け花、柱時計など、古い旅館の要素が目白押しである。

2階に至るまで、館内の随所に津山ゆかりの文人墨客の書画が展示されている。

こちらの旅館も中庭がある造り。ただ、トイレと流しだけ館内ではなく外へ直接つながった造りになっており、かなり特徴的だった。

大広間。団体の宿泊客のほか、町宿のため宴会場やイベント会場として使われることのほうが多いとのこと。こちらにも屏風の展示がされていた。

玄関正面。昼も夜も、「古い町の宿」らしい重厚な雰囲気が漂っている。今や珍しくなった金文字による「旅館お多福」の文字も素敵だ。

夜の中庭を望む。２階が迫り出したような造りになっているのが特徴。

ガラスの看板が光る夜の旅館前。はす向かいには戦前期のアールデコ風近代建築の写真館があり、特徴的な景観を見せている。

《GUESTHOUSE《ゲストハウス》醫《くすし》》

広島県呉市豊町御手洗

玄関に掲げられた医院時代の看板。宿内で使われている「醫」のロゴはこの看板から採られている。正門横に明かりが入っていた看板にも「醫」の字が入っており、夜は味がある。

御手洗の町並みの中に残る旧越智医院の建物。空色のペンキが美しい。その特徴的な姿は、さまざまな物語の舞台や広告のロケ地としてさりげなく登場している。ちなみに「越智」の名字は愛媛県から芸予諸島ではかなりポピュラーな名字で、この響きを聞くと四国や瀬戸内海にきたなあと感じる。

瀬戸内海の小島に浮かぶ空色が美しい泊まれる医院。

近年、観光資源や田舎暮らしなどの領域で、古い建物の再利用が加速している。芸《げい》予《よ》諸島は大崎下島《おおさきしもじま》にあるこちらのGUESTHOUS醫も、そんなリノベーションによって生まれかわった宿で、かつての古い医院に泊まることができる魅力的な宿だ。

醫以前、空色が美しい旧越智《おち》医院も長らく空き家として放置されていた。「醫」は「医」の旧字体で、元医院の建物の宿にはぴったりな名前だ。

私がこの島を初めて訪ねたのは平成30年の元日のことだった。オーナーに古い医院が好きで泊まりにきたと話しながら、玄関から階段へと上がっていく。

現在宿になっているスペースは医師の住居だった部分で、土壁や当時の部材をそのまま残した造りが目に入る。階段を上りきると、この時代の屋敷特有の入り組んだ廊下があり、家族の部屋を改装した4人部屋、2人部屋など、いくつかの宿部屋があった。

この日、予約したのは、特徴的な洋風建築塔屋の一番奥、海と路地に面した角部屋だ。ゲストハウスなのでベッドメイクは自分で行う。要予約だが、診察室を改装した「bar醫」内で夕食をとることもできるほか、一階居間で、ほかの宿泊者との交流も可能だ。東京から来たという写真家、呉から来たツーリング客と語らったほか、宿の前で地元の方とも夜遅くまで話し込んだ。

この時の記憶が非常に楽しく、また夏場やほかの季節の雰囲気も味わってみたいと思い、この宿には以降も何度か訪問させてもらっている。古い町並みを離島の環境下で残していくにあたり、建物を残してきた人びと、改修や経営に取り組んだオーナーや会社・団体、住民の話を聞くにつれ、私自身も瀬戸内海の風土が好きという感情に加えて、御手洗《みたらい》や大長《おおちょう》への想いが深まっていった。

夏に再訪した折には、宿向かいの町家からお囃子《はやし》が響いていた。2階で島の夏祭りの神楽の練習をしているそうで、宿のオーナーが顔を出すのに伴われて上げてもらった。若者たちが笛を吹き、ベテランの老爺が節をとる。網戸のない古い造りの2階窓から誰かが顔を出し、路地を歩く人と話している……。

人づきあいが濃密だった時代の空気感が、この島にはまだ残っているのだ。

広島県から愛媛県にわたって広がる芸予諸島、大崎下島突端部の御手洗と大長の町並み。古くから海上交通の要衝であった地には、江戸～明治以降の町並みが今も変わらず残る。

今治航路側から大崎下島へ向かう際に立ち寄る大下島の港。お盆の時期で、広場には盆踊りの櫓と提灯、帰省客を待ちわびる横断幕がなびいていた。

階段の蹴上に鯉が彫られている。玄関の欄間の虎、医院や庵の銘看板など、この建物の彫刻は全体的に完成度が高く、近隣の船大工が腕をふるったと思われる。

居間には医院時代に使われていた古い医療器具が並べられているほか、宿泊者用のアメニティが販売されている。

宿泊した２階の角部屋。昔は医師の家族の部屋であった。窓を開けると、島の狭い路地の町並みや、瀬戸内海を眺められる。

島の岬にある東風崎神社。夏の夜には提灯が並んでいるのが町から眺められる。

早朝、部屋や玄関先から路地と海を眺める。理想の島の風景がここにある。

湯抱《ゆがかい》温泉《おんせん》 中村《なかむら》旅館《りょかん》

島根県邑智郡美郷町湯抱

あまりに豊富な析出物を含んだお湯のため、まるで洞窟風呂のようになった浴室。床の足場確保のため、一部削って平らにしマットが敷かれている。一見汚れているようにも見えるが、もちろんきれいに清掃されている。自分のためだけにお湯を沸かしてくださる贅沢の極みだ。薪の甘い匂いが漂う中、これに入りたくて山陰まで何度も訪れる猛者は多い。

湯抱温泉最後の一軒旅館で味わう完熟した渋さと侘《わ》び寂《さ》びの時間。

中村旅館は鄙《ひな》びた温泉マニアたちの間では知らぬ者はいない名宿だ。その秘密は鍾乳洞と見紛《みまご》うほどに析出物《せきしゅつぶつ》が堆積した浴室と、それが膜のように張ったすさまじく濃い温泉、そして宿を営むご家族総出の心づくしのもてなしにある。1日1組しか泊まることができない湯抱温泉最後の一宿で、休みの予定が取りにくい遠方の方であればあるほど予約が困難な宿だ。私も知ってから泊まれるまで8年近くかかったが、その苦労をもって余るほどの侘《わ》び寂《さ》びの時間を過ごせることを保証しよう。

唐破風《からはふ》の軒先をくぐると、年配の女将と主人が並んで出迎えてくださった。大正5（1916）年創業の建物は、ひとりにはもったいないほどに広い。

左手奥の一室に通されると、到着のもてなしとして茶と茶菓子が運ばれてきた。これがなんと茶器に入った抹茶。女将日く、「先代の女将からずっと続けているうちのしきたりみたいなものです」とのことだった。

さっそく名物の温泉に入りたい。お茶をいただいている間、女将に「何時に入られますか。湯加減は熱め、温《ぬる》め、どれくらいで？」と訊ねられる。湯抱温泉は加温が必須な湯温なのだが、1日1組なので好みに合わせてくれるのだ。

湯抱温泉入口に立つ中村旅館。大正5年創業で中国地方らしい赤い屋根瓦が特徴的だ。

湯の華は薄い膜となって広がり、湯の中から手を伸ばすと容易に肌にのる。主人曰く熱めのお湯にするともっと氷のようにパリパリに張るとか。ここまで固体化する湯の華のため、浴槽の排水清掃はとても手間がかかり、台所の排水溝のように網を入れて捨てるようにしないとすぐに管が詰まってしまうとのこと。

旅館入ってすぐ横の休憩スペース。湯上がりにこうした場所でくつろぐのが、私の好きな時間の使い方だ。梅雨の時期、横の川ではホタルが飛び交っていた。

部屋に到着すると、まさかの抹茶と茶菓子の提供。ていねいな接客とおもてなしがうれしい。

浴槽の手前にあるレトロなタイルが敷き詰められた洗い場。目地が細かいタイルはそれだけで高級だ。

館内には季節の野草が飾られ、要所要所にお香が焚かれていた。宿泊した梅雨の時期はドクダミの花が。

「1時間後に40度くらいで」

そう伝えてしばらくすると、館内にほんのりと甘い匂いが漂いはじめる。この香りは……そうだ、子どもの頃、冬場に祖父母の家に行ったときの薪ストーブの匂いだ。薪を燃やすと、まるでメイプルシロップを焦がしたような甘い煙の匂いが漂うのである。中村旅館では、なんとお湯を沸かすのに薪を利用しているのだ。

まもなくして女将が呼びにきて、浴場へ通してもらった。聴いた話以上に洞窟のような浴槽が現れ、驚愕を隠せない。湯抱温泉は湯の華が非常に多い泉質で、日や湯加減によって濃度が変わる。一番濃くなる日には浴槽一面が塩の膜で固まったように真っ白になるそうだ。湯で揺らめいている湯の華の塊を舐めてみるとミネラルっぽいしょっぱさが口に広がった。泉質は塩化物・炭酸水素塩泉で、よく体が温まって湯冷めしにくい。見た目はガサガサとしているが肌触りはとてもよい。

湯から上がってしばらく玄関

2階左手もっとも奥の一室。現在は基本的にこの部屋へ宿泊客を通しているという。襖絵が見事な部屋の外からは、アマガエルとモリアオガエルの鳴き声、雨音が響いていた。

1階広間が食事会場。地元食材で揃えられた心づくしの料理が提供される。主人、女将、息子さんの3名全員が料理の腕が立つ方であった。

宿泊棟から温泉の浴室へつながる場所。タイルが貼られた扇状の造りがレトロで素敵に映った。

横のロビーで涼んでいると、広間へ呼ばれ、夕食がはじまった。食事も非常にこだわりぬいているそうで、主人夫妻と息子さんの3人で腕を振るって島根の地元食材を使った料理を提供していただいた。とくに「ヤマクジラ」と呼ばれる猪のジビエ料理は美郷町《みさとちょう》の名物ともなっていて、美味の極みである。

山陰は地酒もまた美味しいので邑南町《おおなんちょう》の銘酒「玉櫻」を注文した。これが肉や貝料理ととても合い、お酒が進んでしまう。夕食が済んだあとは朝食の時間と、朝風呂の時間を伝えて、部屋やロビーの椅子で休むのみだ。なんて贅沢なんだろう……。

旅館のご家族3人の丁寧なもてなしには頭が下がった。鄙《ひな》びた温泉好きたちがこぞって勧める旅館だと心の底から理解した。一泊二日なのが惜しいほど充実した時間を過ごせる極上の宿である。帰る私の背中を、最後の最後まで手を振って見送ってくださった中村旅館が末永くここで続いていくことを願いつつ、私は梅雨の雨の中へ車を進めた。

一楽旅館《いちらくりょかん》

広島県広島市中区西平塚町

玄関から入ってすぐ目に入る池のある吹き抜け。中庭ではなく建物の中に直接池があり、しかも一階部分の廊下には欄干もない。館内には池の水音のほか、ときおり外を歩く人の話し声が聞こえるのみである。

繁華街の元遊廓の宿には今も享楽の幻影が揺らめいて……。

繁華街の裏通りにある旅館。すべての窓に瓦つきの庇が取りつけられており、細部にも遊廓建築らしい飾り意匠が施されている。右手の黒っぽい棟は、昭和25年に建てられた当時の姿そのままだという。

広島駅からまっすぐ大通りを南下し、京橋川《きょうばしがわ》を越えた先の裏通りに一軒の元遊廓旅館が立っている。一楽旅館は、戦後の復興期にできた遊廓（正確には赤線）建築で、公設遊廓が全面廃止となってから半世紀以上が経過してもなお周辺地域とともに当時の空気感を色濃く残す、転業旅館の中でも異例の宿である。

広島市の流川《ながれがわ》・薬研堀《やげんぼり》地区は県下最大級の歓楽街として知られる地域だ。この地域には明治28（1895）年より続く「東遊廓」の歓楽街が存在した。しかし、昭和20（1945）年8月6日、原爆の炸裂とともに街は消失した。生き残った人びとは戦後、この地域で再起し、遊廓の街を復興させていく。

一楽旅館が建てられたのは原爆投下からわずか5年しか経っていない昭和25年のことだった。先代の女将によれば、戦後のバラックからの再出発であったといい、徐々《じょじょ》によい部材を取り寄せて、現在の形にまで仕上げたのだという。そして昭和33（1958）年に「売春防止法」罰則が施行されて以降は旅館として転用され、繁華街に近いことから観光客やビジネスマンに重宝され、今に至っている。

玄関を開けると、中央に四角い池と吹き抜けになった空間、そして空に口を開いた天井が目に飛び込んできた。真ん中の池を中心に廊下と部屋がぐるりと囲うような造りをしている。

2階へ上がると、ロの字型の欄干と廊下、そして開閉式の天井窓が見えた。すでに夕刻が迫っており、開け放たれた天窓からは繁華街へ一杯ひっかけにやってきた人びとの雑踏が聞こえはじめていた。

階段一つ見ても透かし彫りや天井の意匠にこだわりぬいているのがわかる。

２階の廊下と吹き抜け部分。すさまじい鄙びを醸し出す建物の造りと光加減だ。遊廓の建物はロの字やＹ字の構造をよく見るが、一説には客同士で顔を合わせにくいようにする配慮と聞いた。

建物奥側の階段。水回りや風呂場へつながり、廊下を経由して玄関へ出ることも可能な造り。

２階には扇と瓢箪、１階には宝船の数寄窓が施されている。遊廓建築でこういった意匠を見ると艶やかさが増す気がする。

確かに部材も建具も非常によいものを使っているのがひと目でわかる。「桜の間」「松の間」など、部屋によってタイルの模様や欄間に施された透かし彫りまで違ったりもする。

だが、なぜだろうか。この旅館はほかの元遊廓の転業旅館と比べて妙に〝生々しい〟のだ。元遊廓の旅館は全国各地に点在している。だが、たいていは街そのものが衰退するなどして当時とは一帯の雰囲気が変わってしまっている。一楽旅館のように、内装のみならず周辺の街の雰囲気も昔と変わらずそのままの状態なのは珍しいのだ。それだけに、泊まった一夜は妙な緊張と高揚を覚えた。

古い建物ゆえに外の音は丸聞こえだ。繁華街の裏通りには、時間によっては酔って騒ぐ若者、楽しそうに浮いた声をあげる男性たち、艶やかな話し声を交わす男女、そして夜遅くには女性の足音らしきコツコツという足早な音が過ぎ去っていく。その音に耳を傾けながら眠ると、次に目を開けたときに布団の横で誰かが眠っている……なんてことがあるかもしれないと思ってしまう生の空気があるのだ。

また、この旅館は素泊まりのみとなっている。食事はもちろん外に出なければならない。繁華街なので食事先に困ることはないが、夜に外へ出れば、ここがもともと〝そういう場所〟であることを強烈に印象づけられる。この街では今でも夕方以降になると、物影に座って男たちを手招きする老女の姿があった。

夢か幻か、時間も何もかもが曖昧な、妖《あや》しい世界が一楽旅館とその周辺には今も確かに存在するのである。

館内の水まわりはきれいにリノベーションされており、素泊まりで値段は5000円以内と立地から見れば破格の安さを誇っている。

ビジネスにも観光にもちょうどいい場所なので、広島市へ行く際はぜひこの妖《あや》しげな世界を味わっていただきたい。

天窓は開閉式。奥にある紐を引いて調整する。窓の向こうに現代的なビルが見えるのもまた不思議だ。

部屋は全部で10室あり、それぞれに扉や床に部屋名に合わせた意匠が施されている。

宿泊した西側の通りに面した一室。夕闇の光にどこかなまめかしさを覚える……。

《旅館《りょかん》たえだ》

岡山県新見市千屋実

外観。創業は今から約200年前の江戸期で、建物一部には今も当時の部材が残っているという。旅館裏手には千屋牛の改良・繁殖に勤めた太田辰五郎翁彰徳碑が立っている。

岡山の県北。小さな集落に残る一番館には、中国地方の歴史と和牛のルーツが

中国地方は四方八方に道が伸びている。古くから交易網が結ばれ、さらに地形の改良がなされてきた所以《ゆえん》だ。

山奥であっても、たいていはある程度の平地とまとまった人口の集落が存在し、郵便局などの社会インフラ、地元実力者とおぼしき大邸宅が立っている。

地形が急峻《きゅうしゅん》すぎる四国や冬場が厳しい東北、開拓地の多い北海道の風景を見慣れた私の目には、どこに行ってもかならず人がいる集落が連続している中国地方の風景はとても興味深い。

旅館たえだが立つ新見市千屋《ちや》地区も、私の目には非常に中国地方らしく映った集落だった。

だが、集落といっても過疎化や廃屋は目立っている。贔屓《ひいき》目に見ても、なぜここに大きな旅館があるのだろうか？ 経営は成り立つのだろうかと？ 失礼にもつい疑問を抱いてしまう。

そこには、もちろんきちんとした理由がある。この農村は昭和の中頃までは、「牛」という中国山地の産業基盤を支えた一大村落だったのだ。そもそも中国山地はごく最近まで国内最大の鉄の供給源だった。中国地方の山間部一帯では「たたら」と呼ばれる製鉄産業が、古代からほんの半世紀前頃まで盛んに行われていたのである。

たたらは山を崩して砂鉄を採

千屋の旧市街地。古い商店や医院、旧役場らしい建物に混ざって、解体された邸宅の跡地やブルーシートで覆われた旧家が目立った。中国山地で過疎化がはじまって早半世紀、その進行はゆるやかに止まりつつあると言われるが、やはり無住家屋はいまも目立っている。

取し、それを大量の薪で燃やして鉄を取り出す。この過程で切り崩された山や森は田畑となり、あるいはまた新たな薪用の木材を育てる山となった。そして大量の薪などを運ぶには牛や馬が必要とされてきた。

　より丈夫で強い労働力として牛を求め、昭和30年頃までは中国山地全土で牛馬の市場が活発で、中国山地においては鉄、木、牛、道などは相関した産業として一体になって存在していた。

　この千屋《ちや》地区では、中国山地の中でもとくに丈夫な牛の産地として知られていた。和牛の血統を「蔓《つる》」と呼ぶが、千屋《ちや》は日本三名蔓の一つである千屋牛《ちやぎゅう》を産み、これは現在の黒毛和牛のルーツにもなっている。すぐれた牛の産地である千屋《ちや》には牛を買う馬喰《ばくろう》や商人が出入りし、牛市もよく立っていた。旅館たえだは、そうした牛の売買が盛んだった時代の名残《なごり》を残した唯一の生き証人というわけなのだ。

　私が旅館たえだに泊まったのは、5月の大型連休真っただ中であった。創業200年近く、一部建材は江戸期の物も残るという重厚な建物には懐かしい色合いの看板が光っていた。

　玄関を開けると奥から女将が出てきて私を2階へ案内してくれた。連休中にもかかわらず、その日の宿泊者は私ひとり。和牛の生産と消費は日本のみならず国外まで広がっているが、この中国山地の一集落がその和牛のルーツであると知る者は今やほとんどいない。どうしてわざわざ北海道からここへ来たのかと問う女将にその理由《わけ》を話すと、

「よう知っとったねえ。じゃじゃ（岡山弁の相づちで『そう』の意味）、昭和30年頃まではこんあたりで牛市がよう立っとった。うちも馬喰《ばくろう》さんをよう泊めたんじゃけど……みんなのーな《いなくな》った《った》。ほなけん《だから》、今は向こうの店（飲食店）のついでにやってるようなもんじゃけえ」

　と懐かしそうに語られていた。

　女将の言うとおり、現在の旅館たえだは集落の国道沿いに立つ、千屋牛《ちやぎゅう》を用いたレストランを経営されており、今ではそちらを主軸としているそうである。したがって旅館の食事も千屋牛《ちやぎゅう》をふんだんに使った食事となっているのが特徴だった。しゃぶしゃぶにローストビーフ、フィレステーキ……。普段は旅費のためにあまりよい食事をしていない私も、この時ばかりは口の中でとろけるような和牛に舌鼓を打った。

　この時からすでに数年以上が経過し、女将は体調を崩されたと聞いて心配でならない。

　素通りするだけではもったいない、中国山地の歴史を舌でも味わえる宿だ。岡山県に足を運んだ際には、ぜひこの鄙《ひな》び宿と極上の肉を味わってほしい。

レトロな色合いの行灯看板。古い旅館で今でも稀に見かける。

玄関正面。スリッパは私のための一足のみ。令和改元記念の10連休中だというのにこの静けさ。私にはありがたかったが……。

夕食は千屋牛づくしの内容。なにも知らずに宿泊した人はなにごとか!? と思うほどの豪華さだ。宿泊が叶わなくとも、近くにあるレストラン「和牛レストランふゆさと」で同様の食事が楽しめるのでランチやお出かけの際にもおすすめだ。合わせて向かいの「千屋牛資料館」もおすすめ。

宿泊した2階一室。ひとりには充分すぎる広さだった。

旅《りょ》館《かん》みくにや

島根県浜田市金城町追原

美又温泉の路地。ほかの温泉地と違い、美又温泉では小さな路地の分岐は一切なく、この一本道沿いに宿や公共浴場が立ち並んだシンプルな地形である。だが渡り廊下のあるこの雰囲気はなかなか珍しい。雨の日は街灯が反射してより風情がある。

渡り廊下のある小さな温泉街と宿で美肌の湯を味わう。

中国山地はたとえ山奥であっても街道が発達しているとは先述の通りだが、その道と集落の中には小規模な温泉街や湯治宿も点々と存在する。島根県は石見《いわみ》地方の山間部、浜田市追原地区の川辺に小さな温泉宿が立ち並ぶ美又温泉も、そんな中国山地の温泉街の一つだ。

小山と田んぼの間をうねるような峠道を走り続け、トンネルを抜けると川のほとりに昭和然としたホテルや旅館がぎゅっと身を寄せあった温泉街が見えてくる。美又温泉の町だ。

いくつかの大型温泉旅館に囲まれた並びの真ん中あたりに今回の目的地、みくにやは立っていた。対岸から見ると赤い石州瓦の屋根に「みくにや」の文字、路地から見ると広告入りの渡り廊下がついた独特のレトロ感がある鄙《ひな》びた旅館である。

美又温泉も地域の人びとの湯治場として発展した温泉街であり、発見は幕末頃とされている。みくにやは明治時代からここで営業していると伝わり、川に面した位置が本館、さらに本館から渡り廊下を経由した先に大型の新館が道を挟むようにして立っている。

玄関扉を開けると目の前に川を望むロビーがあり、階段を上がってすぐ直上、本館の一室に通してもらった。蒸した夕方だったが、到着と同時に麦茶と水羊羹の提供があり、暑さがすっと引いた。部屋からも川が一望できて涼しげだ。

楽しみにしていた温泉は1階奥にあり、扉を開けると浴槽の青やピンク、壁の緑タイルの反射が美しい浴室にとろみのあるお湯が揺らめいていた。湯華も匂いもほとんどなく、澄んだ強アルカリ性のお湯だ。この浴室は夕方も朝方も陽の光の照り返しが宝石のように美しく、温泉は体を沈めると滑らかなお湯が体を撫でるような心地よさがあった。

中国地方にはアルカリ性の美肌効果のある温泉が多く、美又温泉もその一つだ。大きい温泉街ではないが共同浴場や足湯もあり、この小さな規模にまとまっている雰囲気が素敵に思えた。

食事も料理人である主人が毎日浜田市沿岸部まで買いつけに行く魚介類のほか、石見の古代米など地元の食材を使うことにこだわりを持っている。

早朝から入浴も可能であり、一泊二日でふらりと訪ねてリフレッシュするといった使い方が適した宿に感じた。

川を挟んだ対岸、県道から見たみくにや。わかりやすくしているのか、中国地方の石州瓦を用いて屋根に「みくにや」の文字を記しているのもかわいらしい。

みくにや正面。木造の本館と、昭和後期感がにじみ出る大きな箱型の新館が渡り廊下を通して結ばれている。黄色いビニール屋根と温泉街の旅館・店舗名が並ぶのもまたレトロだ。実はこの雰囲気に見惚れて泊まったと言っても過言ではない。

本館2階の一室。窓の向こうは川、常にカエルの鳴き声が響いており、朝には霧が降りて幽玄な風景が現れたりもする。

美又温泉から数百メートル上流にある旧美又信用購買販売組合事務所。戦前から立つ農協建築で、中国山地の街道沿いらしい美しい村の景観と近代建築の風格を誇っている。令和5年から改修工事が行われ、現在は「美又共存同栄ハウス」として地域の交流拠点となっている。

浴室。タイル貼りの浴槽と緑がかった色の壁が、とろみのあるお湯や光に反射して宝石のような美しさをたたえている。浴槽は小さめだが、かえってそのこじんまりとした雰囲気がちょうどよく感じた。

《いろは家《や》旅館《りょかん》》

広島県安芸高田市吉田町吉田

「旅館」の文字がかろうじて読める古い看板。司馬が泊まった際に見たのはこの看板だろうか？　壁には商売繁盛、開運招福の七福神、大黒様と恵比寿様の面飾りも。

「御本陣」の看板。これがある現役の旅館が果たして現代日本でいくつあるだろうか……。よくて保存され観光・歴史資料館になっているくらいだろう。江戸時代から今も旅館として命脈を保っているこの旅館の価値は、私たちが想像する以上に大きい。

中国山地の覇者——毛利家はじまりの地の本陣と近代建築の宿。

中国山地の風景は美しい。石州瓦《せきしゅうがわら》の朱《あか》、その屋根の並びと緑や水田のコントラストが何より美しい。また、明治～昭和期に建てられたいわゆる近代建築の郵便局や個人医院など、昭和後期で時間が停まったような風景も頻出する。中国山地ほど、鄙《ひな》びた風景が濃密に残る土地はほかにないと思う。

その中国山地のほぼ中央、広島県安芸高田市、旧吉田町には、江戸時代に本陣（参勤交代などの際、殿様が泊まる街道筋の宿のこと）であった「いろは家旅館」が現役で残っている。

城下町らしい狭い旧街道沿い、緩いカーブになった場所にいろは家旅館は立っていた。向かって左側は約300年前の本陣の建物で、2階に上ると巨木の梁組みが剥き出しで迫力がある。

右側は昭和初期に建てられた木造モルタルの近代建築で、現在使用している客室はこちらである。駐車場がこの建物と隣の商店の間の狭い道路を通らねば入れないため、車を擦《こす》らないよう、1階と2階で微妙に壁にずれを持たせた造りになっているのが面白い。玄関を開けると、真っ白な髪をした女将が真っ赤な毛氈《もうせん》を広げた上がり口に現れた。いかにも古い街道沿いの歴史ある宿といった趣《おもむき》で、夕陽に㋑という屋号の入った暖簾《のれん》と、「御本陣」「旅館いろは」と書かれた木板が光っていた。

街道といえば、この宿は昭和後期に歴史小説家、司馬遼太郎が取材旅行の際に宿泊し、『街道をゆく』（朝日新聞出版）で著している。少し引用しよう。

〝宿も古めかしくてよかった。毛利氏以来の町割りどおりの道路であろうと思われる道に面し、なかば土蔵造り風の外構えで、

吉田へ連なる中国山地の集落の風景。備後の農村部らしい、すり鉢状の斜面に石垣の棚田と、赤い屋根瓦の農家が立ち並んでいる。

吉田の町を南北に貫く旧街道沿いに残るいろは家旅館全景。いかにも中国山地らしい2階建て白壁のうだつがある建物に、昭和初期の近代建築の洋館が連なるという特異な形状である。駐車場は右端の路地を入った先で、袋小路のようになっている。

玄関に上がってすぐの廊下。柱に「御本陣」の木札が掛けられている。奥へ真っすぐ進むと風呂場で、右の扉の先は和室の食堂。右手前側から洋館部へ廊下が伸びている。

母屋２階の表通りに面した広間。「本陣」の名がついている。江戸時代の建物がそのまま使われており、梁の太い柱が見事だ。会食や式典などで使っているという。

母屋の２階、広間「本陣」を出た所。剥き出しの梁の様子が間近に観察できる。中には廊下を突っ切る梁柱もあり、腰を曲げて潜って通る。

宿泊した洋館１階、最奥の部屋。部屋の形が方形ではなく、右の壁が路地に沿うように斜めになっている台形状。こんな部屋は初めてだ。梅雨の折、昼はツバメが飛び交い、夜はカゲロウが飛んでいた。

玄関に入って沓脱場《くつぬぎ》に立つと、旅館いろは、という墨の色も定かでない軒吊りの板看板がほうり出すようにして内壁に立てかけられている。式台にあがると、大正時代の匂いがする。西洋のロビィを大正風にまねて（大正モダニズムというものだろう）柱時計を掛け、壁ぎわに黒いソファなどを置いて、客が立ちぎわにちょっと煙草を喫うという具合いになっている。足もとの廊下の板敷が時をかさねて黒びかりに光っており、目の前に採光のための中庭がある。〟

宿の様子は、司馬が宿泊した昭和50年代頃とほとんど変わらないようだ。こののち、司馬一行は吉田の町を歩く途中、警察官の不遜な態度に腹を立てた旨を書き連ねているが、対して宿のことはずいぶんよく書かれている。歴史小説家だけあって、やはり宿の佇まいを大いに気に入ったらしい。

しかし、女将は随分恐縮がっていた。高齢の女将と共に歩む廊下は、確かにかなり軋《きし》む。建物の傷みが激しい姿に、

「はるばる遠くから楽しみにきてくださるほどの旅館じゃないんですよ。昔は母屋の向こうにもっと大きい広間があったんですが火事で燃えてしまって……。今は古いだけの家です」

と語っていた。夕方になると若女将が帰ってきて、翌朝の食事も若女将が出してくれた。出立時には上がり框《かまち》で二人揃って深々と頭を下げていただいた姿が印象に残っている。

女将たちは随分謙遜されていたが、それだけの歴史と風景がこの旅館にはある。また、江戸時代の本陣と近代建築が連なった宿など、この世にそうあるものではない。

古い建物が好きだと言うと、女将も若女将もうれしそうに昔話をしてくださり、その表情に、今後も永くこの旅館が続くことを信じたくなった。中国山地は素敵な鄙《ひな》び宿が多い。近代建築や鄙《ひな》びた風景が好きな方は、ぜひ一度宿泊をおすすめしたい。

四国・九州

球磨川温泉 鶴之湯旅館

《旅館《りょかん》さくらぎ》

徳島県那賀郡那賀町平谷字小松原

四国――徳島県は山間の集落に残っていた至高の鄙《ひな》びた世界。

気になる建物や次なる旅先を探すとき、私はグーグルマップのストリートビューをよく使う。これを流し見しているだけで、行きたい場所、訪ねてみたいお店などの存在をほぼ無限に見出すことができる。

その日も旅の情報収集として、四国山中のストリートビューを眺めていた。徳島県の山間部の集落を周回しはじめてしばらくしたとき、画面にすさまじい廃《すた》れ……否《いな》、鄙《ひな》び具合の旅館の姿が表示され、雷に打たれたような衝撃に包まれた。

さっそく予約を入れ、私は至高の鄙《ひな》び宿、旅館さくらぎに泊まることにした。腸のようにくねった霧越峠《きりごえとうげ》を抜けると、ようやく平谷《ひらだに》集落が見えてきた。国道から旧道へ折れると、ストリートビューで見たあの姿が目の前に飛び込んでくる。

向かって左側の棟が入口のようで、玄関に入って声をかけると、奥から老女将が出てきた。通してもらったのは、二間続きの12畳「雪の間」。畳と蚊取り線香の匂いがする。この古い建物に網戸はない。虫が入ってくるのもおかまいなしの潔《いさぎよ》さだ。

「ご飯は下の部屋じゃけえ、用意できたら呼ぶけんねえ。お風呂入ってゆっくり待っとって」

と声をかけられ、「ああ……ここは〝四国の実家〟なんだ」と、涙が出そうになった。

この旅館は仕出しも行っているそうで、料理がとても美味しかった。四国の山の幸、川の幸がメインで、鮎の塩焼きは淡白で非常に口に合う。

連日の四国の暑さは北国の人間には厳しいとこぼしながら、腕にできた汗疹《あせも》を掻《か》いた。すると、女将がマムシの入った酒瓶を出してきて「マムシ酒はなんにでも効くんよ」と言う。そんなわけあるかと思ったが、試しに塗ってみると、不思議と痒《かゆ》みがスッと引くのである。

「効くやろ～。これ飲んで寝なさい。元気になるき」

女将は、ケラケラと笑った。

四国山中の真夏の一夜は、こうして更けていった。私にとってはあまりにも理想的な鄙《ひな》び宿。

「できれば毎夏、ここへ帰りたい」――そう思う宿だった。

那賀町の国道193号線、現在もなおダートや手掘りのトンネルを通る区間があり、四国を代表するいわゆる「酷道」である。

那賀川と木頭川が合流する地点。旅館さくらぎがある平谷集落へ入る出合橋付近。四国らしいダイナミックな橋と渓谷の風景である。

網戸がなくても窓は開けるのが田舎の伝統スタイル。暗い紫色に染まりゆく山からは、ヒグラシの鳴き声が響き続けていた。

徳島県はとてつもない山奥が多いため、今でもインフラ関係の人を中心にこうした宿の需要がある。実際、私が宿泊した日も１人、近隣の発電所へ来た技師が泊まっていた。

旅館さくらぎの全景。「鄙び」を通り越して、「廃れ」の域にまで達したこの風格レベルの宿は、四国はおろか国内でもほかにあるかわからない。当時はGoogle Mapにも掲載されておらず、電話をかけたときは「どうかやっていてくれ……」と必死に祈った。それだけに宿泊できたのが最高にうれしい。夕方6時を過ぎた頃には電気が入ったが、その前の夕暮れ時の姿は本当に現役営業中とは思えないほどの「力」があった（ごめんなさい！）。

1階から2階へ階段を上り切った場所。裏山から川水が流れ落ちる音が響いている。天井といい壁といい、この雰囲気を感受できる人には至高の鄙び宿である。

2階の長い廊下。夜はひたすら虫の鳴き声が聞こえてくる。本書において最上級の「鄙びた宿」と言ってよい場所だった。

宿泊した部屋。部屋にあったヤングマガジンの日付は平成17年で、熊田曜子が表紙グラビアを飾っていた。時間が止まっている……。

岬《みさき》観光《かんこう》ホテル

高知県室戸市室戸岬町

国道から生垣を挟んだ先に佇む岬観光ホテル。夕刻は看板が温かく灯り、朝は太平洋から昇る朝日に照らされ爽やかな雰囲気に包まれる。

二度と建てられない室戸岬目前の鄙《ひな》び宿で地球を感じる一夜を過ごす——

高知県の室戸岬は自然豊かな南国の明るさに満ちた土地だ。冬でも温暖な亜熱帯気候の中で多くの動植物が育ち、隆起と沈降を繰り返して形成された複雑な地形は、室戸阿南《あなん》海岸国定公園に指定されている。

近年はユネスコ世界ジオパークの指定も受けた岬の突端部からわずか500メートルの場所に、木造の懐かしい佇まいを見せる岬観光ホテルが立っている。全国的にも希少な〝泊まれる文化財〟であり、また諸般の事情により〝二度と建てることができない宿〟でもある。

紫色の夏らしい夕焼け空の下、灯りのついた玄関先で主人と女将が揃って出迎えてくれた姿を見たときは、とてもうれしい気持ちになった。

予約の電話をするまで知らなかったが、本館奥の海に面した場所にもう一棟、別館があり、そちらは海からわずか100メートルの位置に客室があって人気だという。

窓辺には、朝は日の出、夜には潮騒と満天の星空が広がる。通してもらったのはその海に面した別館の一室である。私は生家が海のすぐ目の前にあり、このには感激を抑えられなかった。夕闇に沈みゆく太平洋。深夜に電気を消すと広がる星空……極上の一夜だ。

室戸岬は「海の秘境」であり、南国の風土から沸き立つ浄土のような明るさと穏やかさ、そして最果ての地の寂寞感が漂っている。

早朝の別館一室。広縁と窓の向こう、わずか100メートル先は太平洋。窓を開けずとも、静かな潮騒が部屋に響いてくる。真夏の四国らしい空間だった。窓の下にある道は室戸岬にまで続いている。

部屋の窓から日の出が見られる。270度にわたって遮るものが何もなく、水平線がきちんと弧を描いていることがわかる。「地球って……本当に丸いんだ」とふと感じる。

さて「観光ホテル」と聞くと、昭和中期以降の巨大な鉄筋コンクリート造ホテルを連想するが、ここは木造2階建てで、本館の竣工は昭和9（1876）年だ。

岬付近の海岸線にはかつて保養所や別荘がいくつかあったそうだが、すべて台風にふきとばされ、残ったのはここだけになった。平成28年からは、室戸市内に住む現主人夫妻に経営が移り、精力的な経営を展開している。室戸世界ジオパークのガイドでもある女将からは、とてもていねいに室戸の魅力を教えていただいた。

だが、古い建物を維持する苦労は並大抵のものではない。おまけにこの宿の場合、立地が特殊すぎる。なにしろ一帯が国定公園であり、かつジオパークであり、さらに登録有形文化財なのだ。たとえ損壊しても許可が下りなければ修繕一つできない。敷地内の草木も勝手に抜いたり刈ったりすることもできない。

つまり、今後万が一にでも全壊するようなことがあった場合、再建はほぼ不可能なのだ。室戸岬は台風銀座であり、毎年のように強い台風が襲う。「コンビニより台風の目のほうが近い」と冗談を言う人さえいるほどだ。

また、室戸の大地は昭和21年の地震による隆起以降、70年をかけて静かに沈降を続けている。南海トラフの巨大地震は約百年周期で活動することがわかっており、今後も大地震が発生する危険は免れないだろう。

だが、それでも夫妻は経営を続ける。それはひとえにこの室戸と建物が好きで、その魅力を伝えたいからだと言う。

出立する際、夫妻は車が見えなくなるまで手を振って送ってくれた。「またきてください。遠いけれど、またいつか」。

室戸岬は遠い。四国の中でもとくに遠い。しかし、私はそこへ何度も何度も好きで通っている。四国も室戸も大好きだ。

私の眼には、車のバックミラー越しに手を振る夫妻の姿が、今でも目に焼きついている。

食事は地元の海鮮食材がメインで、高知名物のブリやカツオのたたきのほか、地酒も日本酒から果実酒、焼酎まで豊富な品揃えがある。建物といい立地といい、1泊2食1万円前後で泊まれるのは絶対にお得だ。

敷地内を流れる水路には、ほかの地域では稀少になったアカテガニがたくさん。夜になると南方性のオオウナギも泳いでいるとか。

女将に往年のホテルの写真を見せてもらえた。暑いだろうと出していただいた麦茶を飲みながら室戸と建物についての語りに耳を傾ける。ほかの室戸岬直近の建物がすべて地震や津波、台風で流されてしまった中、ここだけ生き残っているのはどうやら絶妙に風や波が切れるような岩礁の陰にあるからではないかとのことだった。それでも過去に何度か台風で屋根の損壊などはあり、その都度国の支援や募金なども活用しつつやりくりしているという。どうか存続して、末永くここにあってほしい。

川又屋旅館《かわまたやりょかん》

高知県吾川郡いの町清水下分

陸の孤島と呼ばれた四国山地のど真ん中。旧道の川の宿。

四国は瀬戸内海側の沿岸部から国道194号線に入ると、車窓はたちまち急峻《きゅうしゅん》な四国山地を映し出す。海抜数メートルだった道は、ものの数分で標高500〜1000メートルの渓谷に入るのだ。

山道をひたすら走り、夕陽が落ちていく中で大きくループを描く大森峠の駐車場から、眼下に日比原集落が見えた。本日の宿泊地、川又屋旅館がある。四国の地図で見れば、ほぼ中央部に位置する渓流沿いの集落だ。

四国の山奥らしい旧道の風景。古い橋、狭い道。斜面と川の間に無理やり建てたような家々。暮れゆく夜にぼんやりと光る旅館の電灯には、山から下りてきた蛾や羽虫が羽ばたいていた。

以前この道を通った際はまだ

国道194号線とその周辺の山々。あまりの高低差と四国山地を俯瞰するような道が続くため、近年「そらやま街道」と名づけられた。

摺りガラスの技法による飾り窓。現在は生産されていない一点ものであり、替えのガラスを大事にストックしているという。

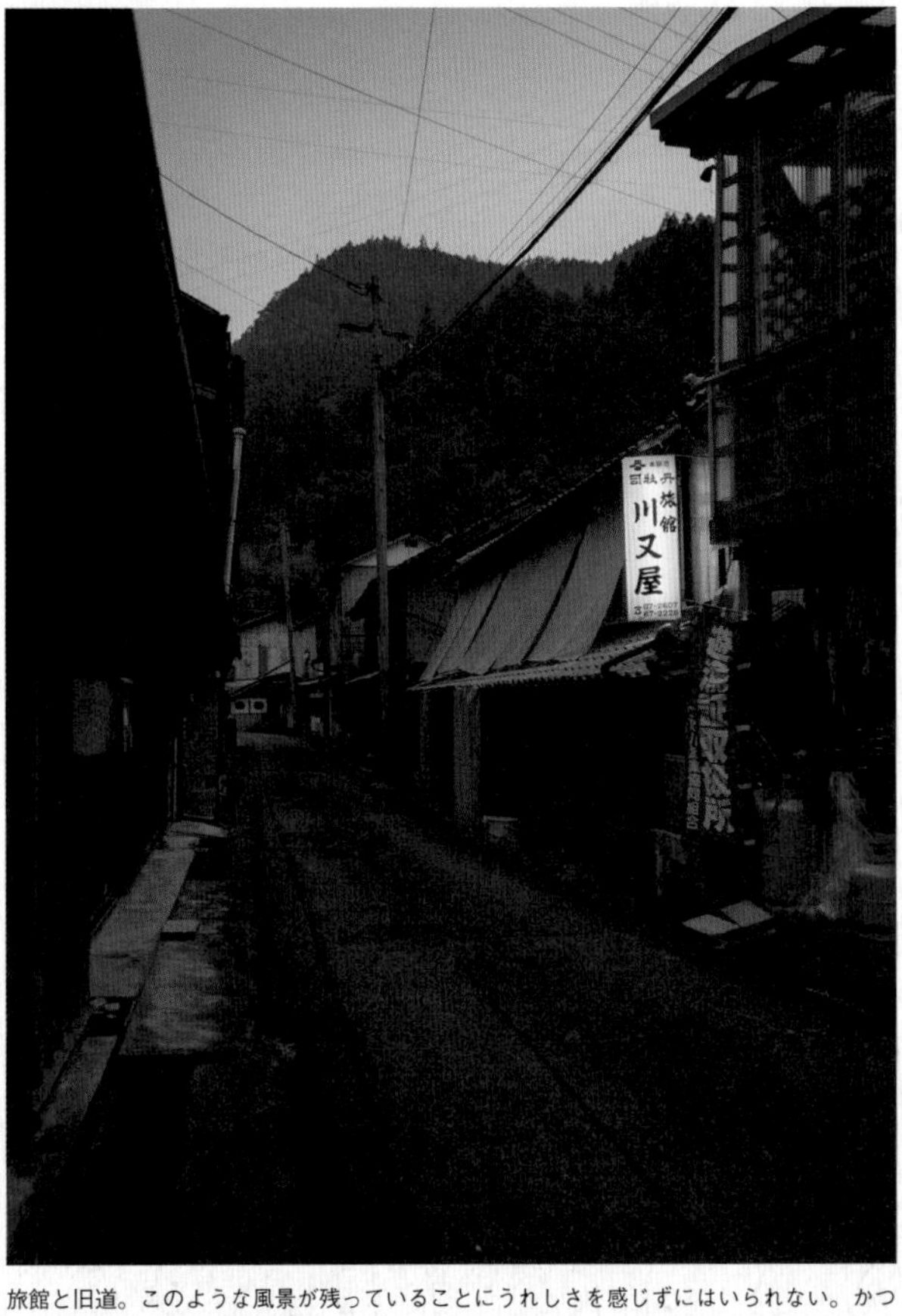

旅館と旧道。このような風景が残っていることにうれしさを感じずにはいられない。かつてはこの並びで商店や郵便局、ほかの旅館もあったそうだが、今ではすべて一般の民家となっており、夜には真っ暗になる。

渓流と道路の間に無理やり建てたような旅館なので、その中央にはこれまた無理やりな傾斜の階段が3階層を貫いている。

1階の食堂。床面に小窓がついており、川を望むことができる。景観を楽しむほか、川風を部屋の中にいれて湿気や暑さを上手に逃がすため知恵であるという。朝、女将にこの小窓をそっと覗くように言われると、真下にトンビがいた。

ここに宿があることを知らなかった。地図で見てどうしてもと来たのだが、この風景を目にすると心底、来てよかったと思う。

　駐車場に車を停めると、女将と主人が出迎えてくれた。蚊取り線香の匂いが玄関に満ちている。集落の狭さに比例するような急勾配の階段を上ると、左右に廊下が現れた。この窓の向こうが正面の狭い道であり、右側の突きあたりがトイレ、左側に客室が並んでいる。窓辺には旅館の看板が煌々《こうこう》と光っていた。

　女将に通していただいた先は、階段隣の部屋だった。普段は釣り客が多いそうで、昔は村への出張者や、街道を歩く商売人を泊めることも多かったという。

　荷物を整理し、お風呂に入る前に外へ出てみると、外は真っ暗になっていた。時刻は7時過ぎ。風呂場は川床に近い地下1階にあり、実質3階建てに近い建物のようだ。食事も1階、玄関脇の一室である。

　この部屋は川のすぐ横なので朝や昼間の眺めがとてもよく、朝の時間はとても気持ちがよかった。食事は川や山の幸がメインであり、高知らしいカツオのタタキもついていた。釣り人が泊まった際は、当日釣れた川魚を調理して出すサービスもしているそうだ。食事中、女将と主人と話がはずみ、この旅館と日比原集落についてもいろいろとお話を聞くことができた。

　この地域は険しい高知の山岳地帯の中でも、とくに「陸の孤島」と呼ばれる場所だった。今でこそ国道194号線の新道が通って瀬戸内海側へ抜けられるが、昭和39（1964）年までは未通で、言わば三方を山に囲まれた袋小路だった。裏手の大森峠は、外から赴任してきた営林署員や教員が深山の生活に耐えかねて逃げ帰っていくことから「辞職峠」とまで呼ばれていたという。

　また、道路開通後も旧道時代は旅館前の狭い道を丸太を満載した8トントラックが行き来していたと言い、軒先を切り詰めて車が当たらないようにしたりと、紙面を容易にはみ出す濃密な内容をいくつも伺った。いつの間にか正座して聞いていた。

　私はお話をいただけたことに礼をいい、明日は早いので朝食は不要なこと、朝が早いので先にお会計をしたい旨を告げて寝ることにした。布団に入ると、窓の向こうから川の流れの音と、ときおり夜鳥の鳴き声が聞こえてくる。夏場の四国だ。北国の人間である私には昼間は堪《こら》えがたい暑さを感じるが、山奥の渓流沿いの夜風は涼しく、私は気持ちよく眠ることができた。

　――早朝、6時過ぎに出立の準備をする。今日も四国は暑くなりそうだった。荷物をまとめて玄関に立つと、なんと女将がおにぎりとコーヒーを包んで持たせてくれた。これもまた「道中、何があるかわからない」と、山深い土地ならではの心遣いであった。なにもかもがうれしい渓流の鄙《ひな》び宿だった。

通していただいた客室。窓の向こうには集落の中心部を流れる渓流と、川を中心にした日比原の風景が夕闇にぼんやりと見える。

部屋の窓辺から集落の真ん中を通る橋を眺める。昭和3年頃の竣工、道幅はざっと3メートル。ここを8トントラックが通っていたというのだからにわかには信じがたい。ちなみに当時の様子を撮影した動画がYoutubeに掲載されているので興味があれば探してみてほしい。

Chez《シェ》利《り》太郎《たろう》

愛媛県大洲市森山

闇夜に包まれる古民家。空には満天の星が広がる。車の通りも皆無だ。変わった宿名はフランス語で「〜の家に、〜店で」という言葉と、もともとここで醤油やを営んでいた「大石利太郎」の名からとった屋号だ。

肱川《ひじかわ》のほとりに佇む元醤油屋の古民家で味わうひとりきりの夜。

愛媛県大洲市は肱川《ひじかわ》。日本の中央構造線沿いの急流で、石鎚《いしづち》山系を蛇行しながら大洲市へ流れ込んだあとは、伊予《いよ》灘《なだ》まで一気に流れ落ちる。

こちらのChez利太郎は肱川《ひじかわ》中流域の渓谷地帯にあり、令和2年から築80年を超える古民家を改修したコミュニティカフェとして、「NPO法人おおなる工房」の宮本さんと土井さんのお二人が経営している。

通常は土日祝日のみ開店するカフェ営業の店だが、一棟貸しの宿として開放もしており、私たっての希望で、泊まらせていただいたのだ。

この宿を知ったのはまったくの偶然だった。地域の昔話を聞き取り歩く旅のかたわら、急流沿いの岩肌にぽつんと立つ2階建ての古民家が目に入る。立ち寄ると、そこには落ち着いた和モダンの空間が広がっていた。カウンター席についてメニューを眺めていると、店主が四国の石鎚《いしづち》山系でしか生産されていない〝幻の茶〟石鎚《いしづち》黒茶を出しているのが目に入った。

「これはすごいお店にきた！」

そう直感した私は、店主お二人に四国が大好きでたびたび旅行にきていること、このお店が気になって入店したことを話す。すると二人は、驚きつつもこの店の由来を教えてくれた。

目前に肱川の雄大な流れが広がる。鮎漁の時期はこのように瀬張り漁用の簗が組まれている。恵み多い川だが一方で大洲盆地に入るまで谷川の流れが狭窄な地形で、古くから洪水の被害に悩まされてきたという。

もともとこの民家は、昭和14（1939）年に「醤油義士心醸造元　大石利太郎本店」として建てられ、醤油醸造所と経営者の大石利太郎が身を置く主屋として繁盛した建物だったという。その後、時代の変貌と後継者が存在しなかったことで昭和30（1955）年代後半には廃業し、以来ずっと誰も住むことなく、廃墟同然の状態であった。

そんな建物を地域コミュニティ活性の場として再生しようと発起したのが平成28年。それから5年以上の時間をかけて徐々《じょじょ》に建物を改修したが、平成30年の西日本豪雨では1階部分が天井まで水没するほどの被害を受けてしまった。一時は事業存続も危ぶまれたが、各方面の協力もあって無事、令和2年からカフェとして営業をはじめることができたという。

建物内は往年の雰囲気を残したまま、洒落た雰囲気に改修されており、カウンター席横には地域の方々から寄贈された本や雑誌が並んだ本棚が見える。その上は梁《はり》があえて剥き出しの吹

カウンター席横には本棚とオーディオ、かつて店舗で使われていた家具や表彰状などが展示されている。全体的にとても落ち着いた雰囲気に溢れている。

朝食は鯛めしなど、地元の品を使った豪華なメニュー。

店舗内はカウンター席の他、テーブル席、川沿いの窓席、和室がある。最初の訪問時はすでに5人ほど和室にお客さんが入っていた。

き抜け天井となっていて、古い建物好きのツボを押さえた改修具合となっていた。

　2階に上げさせてもらうと、大きな一間の和室があり、「ここにいずれ人を泊められるようにしたい」と語られていた。その言葉を聞いて私は俄然興味が湧き、約1年半後の晩秋に連絡をとって宿泊させてもらえる機会を得たのだった。

　一棟貸しの2食つきで、その日はもちろん主人の二人以外は私ひとりしかいない。夕食を作っていただき、裏山の集落に住んでいるという二人が去られると、川沿いの古民家には自分ひとりの真の静寂の時間が訪れる。テレビはないが、本やオーディオはあり、ひと晩中物思いにふけりながら読書をするのもいいだろう。

　深夜1時くらいまで窓辺の夜の闇、そして本棚に眠っていた土地の民話集などを眺め、この山深い伊予の里の過去に想いをめぐらせた。

　翌朝、お二人が厨房で朝ご飯を煮炊きする音で目が覚めた。晩秋の刺すような寒気が窓の外に満ちていて、すっかり目が覚めた私が1階に下りると、地のものがふんだんに使用された朝食がテーブルに並んでいた。

　鯛めしや大洲の名産であるシイタケ、肱川《ひじかわ》河口の長浜で獲れた魚などが膳に並び、二人と朝食をいただきながら、地元大洲の話に耳を傾ける。すると、すっかり自分がこの地方へ帰省してきた身であるかのような錯覚に陥るのだった。

　食事が済んだあともお二人には、地域内でおすすめの神社や気になる集落の跡地などを案内していただき、世話になりっぱなしの2日間を過ごせた。

　私が令和3年頃に訪ねた際はまだ「宿泊一棟貸し」は試運転事業だったが、現在は電話をかければ誰でも予約できる。

　もちろんカフェ利用だけでもおすすめだ。

夕食を楽しんだあとは、ひとりの時間となる。伊予の夜の闇は深く、新月の夜になると窓の向こうには一切の光がなくなる。

本棚の上は梁がそのまま剥き出しになっており、当時の職人の建築技術を視覚で捉えることができる。

2階の一間。暖色の照明と、川沿いの山の緑の対比が素晴らしい。現在は宿泊用に使われている。

《割烹旅館《かっぽうりょかん》 海喜荘《かいきそう》》

大分県国東市国東町鶴川

豊後灘《ぶんごなだ》に面した朝焼けの美しい大正時代の海の宿。

国東半島は九州北部で大きく瀬戸内海へ突き出た円型の半島だ。両子山《ふたごさん》をはじめとする両子《ふたご》火山群の峰々による半島だが、特徴として火山性の半島であるにもかかわらず山の標高が700メートル以下で横に広く、日本の半島部にしては比較的低く見える。

その一方で、決して地形が平坦というわけではなく、丘陵地と谷が放射状に延びており、長年の浸食によってできた剣《つるぎ》のような岩山では山岳信仰と深く結びついた「六郷満山《ろくごうまんざん》」と呼ばれる独特の仏教を産んだ。長らく秘境としても知られ、「日本の秘境100選」にも選ばれている地域である。

そんな国東半島、瀬戸内海は豊後灘《ぶんごなだ》の目前で大正11（1922）年から営業を続けているのが海喜荘である。

温泉旅館ながら料理旅館としての性格が強く、新鮮な海の幸をふんだんに使った食事が有名な宿だ。とくにワタリガニと貝料理、そして名物「タコの五右衛門椀」は絶品と名高い。

建物は国東市鶴川の旧道に面した本館と、庭を挟んで温泉がついた棟である離れの二棟に分かれており、どちらからも豊後《ぶんご》灘《なだ》（地理の上では「伊予灘《いよなだ》」と呼ぶが、ここはあえて地元にならい「豊後灘《ぶんごなだ》」と呼びたい）を望むことができる。天気がよければ朝焼けに染まる海を眺めながら朝食や朝風呂を味わうことも可能で、美味なる食事と海の空気感を味わいたい。

本館二間続きの「御殿天井の間」は折り上げ格天井《ごうてんじょう》となっており、廊下も独特の乱れ格子模様が組まれている。いずれも大正時代からそのままの造りで、豊後灘《ぶんごなだ》の海と空、そして松と錦鯉が泳ぐ池が見事な日本庭園が望める。

和風旅館ながらベッドが設置された洋室もあり、離れの「姫島」は海まで遮《さえぎ》るものが一切なく、より国東の海の宿である実感を味わえる温泉も海の目前で、浴室から海を一望できる。

国東半島は秘境と呼ばれるだけあってアクセスはかなり限られているが、旧国東町は大分空港からも近く、あまり知られていないが実は船便で山口県とも直接行き来できる。国東の仏教文化や姫島など、観光がてら一泊してみるとよいだろう。

正面通りから。お祝いや法事などの宿泊のほか、外国人観光客にも人気の宿だ。

松の木がライトアップされ、池には立派な錦鯉が。美しい日本庭園を眺めながら、旅の情緒を心ゆくまで満喫することができる。

2階廊下と階段。大正時代の創業時から変わらないという。独特な模様の天井組が目を惹く。

中庭から本館を望む。手前の１階は会食用の食堂となっており、宿泊時は地元企業の慰労会が行われていた。

２階廊下から朝焼けの海を望む。この空気感は海に面した宿でしか味わえない。

会食部屋に置かれたステンドグラスのランプ。「大正の和風旅館」を意識した宿で、館内そこかしこにこうしたレトロな調度品やランプが置かれている。

本館、御殿天井の間付近の廊下から海を望む。廊下の曲がり角に置かれた椅子が素敵に映る。

離れの部屋「姫島」にも広縁が備えられている。こちらからのほうが本館より海の眺めはいいかもしれない。

温泉からは豊後灘と港が一望。お湯は熱すぎず、なめらかな湯で入りやすかった。朝焼けを眺めながら湯に浸かっていると、船の心地よいエンジン音鳴り響いてきた。

《球磨川《くまがわ》温泉《おんせん》 鶴之湯《つるのゆ》旅館《りょかん》》

熊本県八代市坂本町葉木

球磨川の清流に
ただ一軒。
淡い光を放つ鄙《ひな》び宿

現代においてネットを活用した広告や宣伝、とくにSNSを利用した宣伝は高い効果を発揮している。私が鶴之湯旅館を知ったのも、主人のSNSアカウントがきっかけだった。

鶴之湯旅館は八代市の山間部、球磨川中流域の清流とJR肥薩線の間のわずかな平地に立っている。その歴史は昭和29（1954）年、当時完成したばかりの荒瀬ダムが村の観光の目玉になったことから、現在の主人の曽祖父が温泉旅館を建てたことにはじまるが、建物の老朽化と集客力の低下にともなって平成18年にいったん休業。

その後時を経て、現主人の尽力で平成30年に復活する（奇しくもこの年、荒瀬ダムは撤去された）。休業中に傷んだ建物を少しずつ修復しながらの営業再開だったが、令和2年に球磨川豪雨災害が発生してしまう。

この水害では熊本県でも大きな被害が出たが、鶴之湯旅館も1階すべてが洪水に飲まれ、水が引いてもおびただしい泥が残された。主人はこうした状況下でクラウドファンディング『災害に強い地域の拠点へ。鶴之湯旅館復活プロジェクト』を立ち上げ、建物をほぼ自力で修復しながらSNS上で情報を発信。

また、地域観光の再拠点化と、太陽光発電や電気自動車の活用、食材の自家生産など、なるべくエネルギーや外部を頼らない旅館として再出発したのだった。

３階の角部屋。基本的にこの部屋に通してもらえる。３月下旬、窓の向こうには肥薩線沿いの桜が咲いているのが見える。

道路と線路の間に立つ特徴的な３階建ての建物。

玄関。上がり框に置いてある古い箱は地元の皆さんから譲り受けたばかりの小道具や建具。

球磨川の流れは空がとても広い。鶴之湯旅館はそんな広大な川の右岸にただ一軒建っていた。まわりにほかの建物は一切ない。とにかく視界が広く、こんなに気持ちがいい宿はないと思った。

1階大広間。食事はこちらでとる。自家栽培の野菜や地元の食材を使った料理が主人の手作りで提供される。

私が鶴之湯旅館を訪れたのは、3月上旬の春のことであった。

宿に到着すると、作務衣姿の主人が出迎えてくれた。SNSを通じて何度か会話をしていたがお会いするのは初めて。想像以上に若い方だった。「遠い所からきていただいてありがとうございます」とていねいに頭を下げていただき、私の重い荷物を持って階段を3階まで駆け上ってくれた。

主人のあとについて階段を上りきると、目の前に全面窓張りの回し廊下と二間続きの部屋が現れた。窓の外すべてが球磨川の渓流の風景として飛び込んでくる。景観にこだわって建てられたという話がよくわかる。部屋にテレビやエアコンといった設備がないのも特徴だ。川風が通りやすく、夏場は蚊帳《かや》と簾《すだれ》を下げれば涼しいそうで、冬場はストーブや火鉢、湯たんぽでしのげるという。運営は基本的に主人のひとり体制で、1日1〜2組のみの受け入れである。

3階のほかの部屋では、昭和中期頃までの旅館と逗留者の様

由布院の山中に突如として現れる異界めいた温泉街。

湯《ゆの》平《ひら》温泉は、くじゅう連山の中腹、標高500メートルの奥まった山間にあり、花《か》合野川《ごのがわ》が流れ落ちる急峻《きゅうしゅん》な谷間にまるで隠れ里のように温泉旅館と共同浴場がひしめいている。

晩秋の夜闇の中、山道のカーブを幾度となく曲がり続けていると、突然視界に赤い灯りが飛び込んできた。黒々とした闇の塊と化した山に赤い提灯が煌々《こうこう》と並んでいる。そこがまさしく湯平《ゆのひら》温泉だった。秋の寒々しい風の中、音もなく佇む無人の赤い温泉街は異界にも感じる。この日、お世話になった山城屋は湯平《ゆのひら》温泉のもっとも高い所にある宿の一つで、家族経営の暖かみに満ちた宿だった。暑がりの私が半袖でいると、「寒くないですか?」と女将に心配された。実際、正直言って寒かった。

九州でも山奥のこの温泉街は、秋から冬は気温が零下まで冷え込むこともしばしばだ。湯平《ゆのひら》温泉は阿蘇から由布岳一帯の高山域で、由布院の温泉地の中でもとくに奥にある。戦前は今の由布院温泉本体よりも人気があったという。赤い提灯の町並みも、お客さんが喜んでくれるようにと考えた町の取り組みだ。

令和2年の豪雨災害では死者を出す水害に見舞われ、コロナ禍も重なって、いまだに客足は戻りきっていないという。あとで聞いた話だが、この宿は主人の方針で、きめ細かいサービスの提供、外国人宿泊客にやさしい設計、あえて僻地であることを積極的に発信し続けた結果、湯平《ゆのひら》温泉でとくに人気の高い宿になれたとのことだった。

とてもボリューム感のある夕食をいただいたのち、湯平《ゆのひら》温泉の石畳の坂を下駄に履き替えてそぞろ歩いてみる。滝のように沢沿いを流れ下る川に沿って、赤い提灯の下がった温泉街が急傾斜地を上下に貫くように伸びていた。この日は夕方まで雨だったためか、普段は宿泊客が歩き回っている道も自分ひとりしかいない。夜闇に山から吹き下りてくる寒風がすさみ、提灯が激しく首を振っている。だが、この異界感にあふれた中にあってはその静まり返った雰囲気がむしろ心地よく感じられた。

褞袍《どてら》を着こんでもなかなか堪《こた》える寒さの中、宿に戻ると女将が水害に見舞われた時の話や、初夏には温泉街の入口あたりに蛍が飛び交うという話を聞かせてくれた。

この温泉街の異界的な鄙《ひな》びた雰囲気の味わいは、唯一無二のものと深く感じ入った。旅人の勝手ながら、苦難に負けず、これからもどうかこの地にあり続けてほしいと願っている。

湯平温泉全景。狭い沢沿いに発達した急傾斜地の温泉街の様子がわかる。令和2年の豪雨災害の爪痕が今なお生々しい。

狭い山道を走った先に突然現れる赤い提灯の温泉街。この光景は異界そのものであった。温泉街入口は石畳の坂道の始まりでもあり、ここから先は自家用車で入らず、左手の新道に入って向かったほうがよい。

山城屋は斜面に立っているため、玄関が2階。部屋は3階　浴場が1階にある。渓流沿いに形成された湯平温泉の中でもっとも高い場所にあり、令和2年の豪雨災害の際は住民の一時避難場所にもなったという。

1階には昭和57年、湯平温泉が『男はつらいよ』第30作「花も嵐も寅次郎」のロケ地になったことから、グッズやポスター、関連書籍の展示がある。

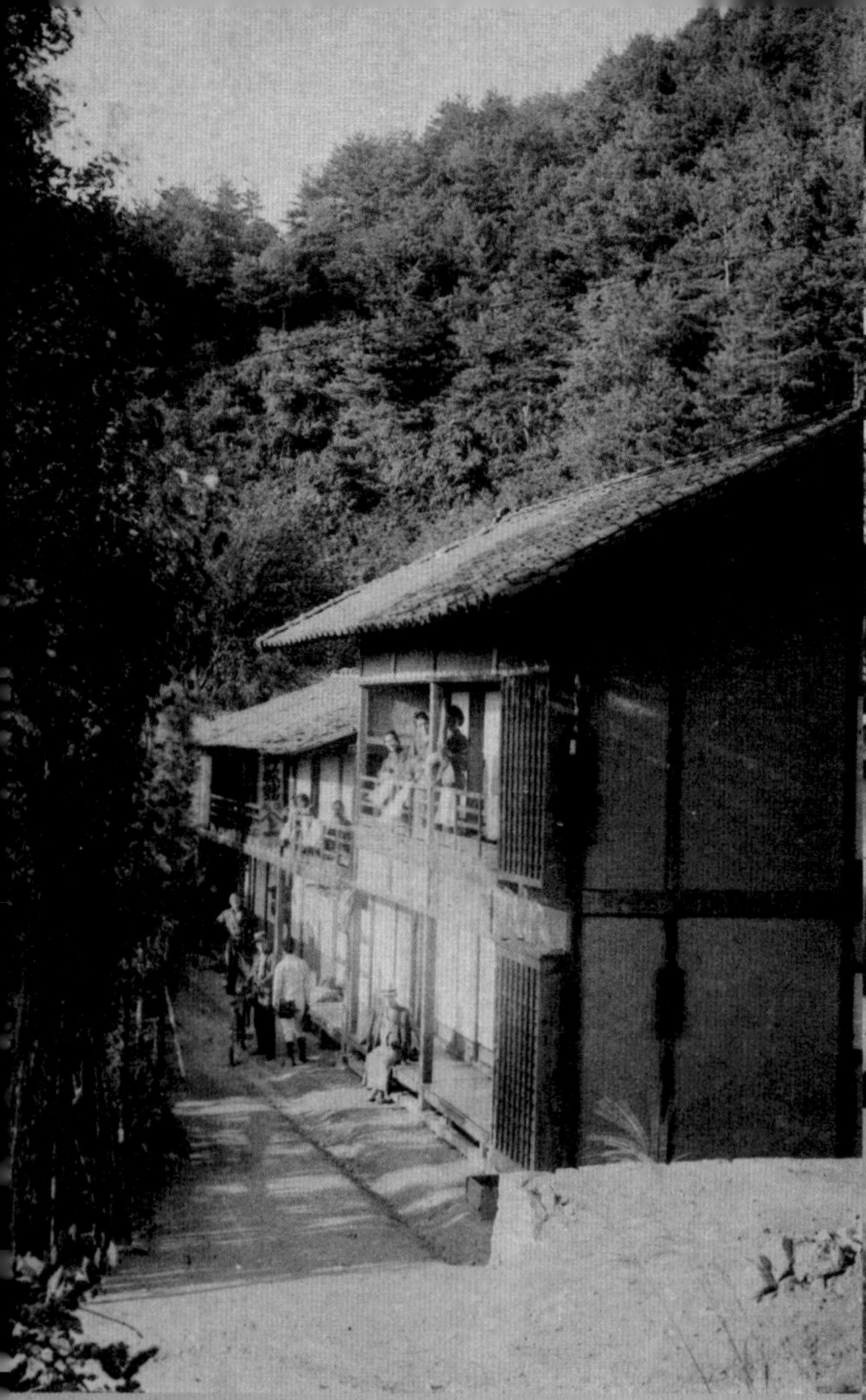

心に沁みる大人の日本旅情

鄙《ひな》び旅 鄙《ひな》び宿

2024年5月25日　初版発行
2024年5月30日　再版発行

著　者｜道民の人
発行所｜株式会社二見書房
〒101-8405
東京都千代田区神田三崎町2-18-11
TEL. 03-3515-2311（営業）
TEL. 03-3515-2313（編集）
印　刷｜株式会社堀内印刷所
製　本｜株式会社村上製本所

編集担当｜小塩隆之
制作＋デザイン｜中田薫（V1 PUBLISHING）

ISBN978-4-576-24033-6
https://www.futami.co.jp

【カバー】パールコート／菊判T目93.5kg
【本表紙】Newクリーンコート W ／L判T目23kg
【本　文】b7トラネクスト／B判T目83kg
【加　工】マットPP
【総頁数】128頁
【束　幅】9mm

全館の光が灯った状態の旅館を見上げる。まわりに一切民家がない場所で、こんな淡い光を放つ旅館がぽつんと建っている光景は人を圧倒させるものがある。

3階廊下を奥側から。この情緒深さは中毒性がある。主人は古い建物にとても理解がある方で、近いうちにこの建物以外でも拠点を見つけて整備したいと語っていた。

階段上ってすぐの廊下壁にある注意書き。「タバコの火を消さずに居るやつは見つけ次第ゲンコツ百発お見舞いするぞ」の意。木造建築はある意味水害より火災が恐ろしいが、どこかユーモアがある書き方だ。現主人の曽祖父が書いたものらしく、水害後は曽祖父ゆかりの品として数少ない遺品となっている。

子が再現されたようになっているが、これは水害に遭った家から譲り受けた古道具を展示しているとのことだった。

夜になると全館に光が灯った。普段はここまで明るくしていないそうなのだが、その日は深夜マラソンのイベントがあったためである。この灯りがついた状態と、見通しがよい川沿いの立地、そして窓が広い旅館の造りの相性は筆舌に尽くしがたいほど素晴らしく、ただただ美しいのひと言だった。

外の球磨川の流れからは早くもカジカガエルの鳴き声が聞こえはじめていた。温泉も体がじんわりと温まるお湯で、入ると自然と眠気が込み上げてくる、とても気持ちのいい湯である。

結局私は以後、計3回も宿泊している。そのたびにこちらのお願いやわがままを聞いていただいているご主人には、感謝してもしきれない。

――春夏秋冬、季節によってさまざまな姿を見せる球磨川温泉鶴之湯旅館は、今日も川の目の前に立ち続けている。

《旅館《りょかん》 山城屋《やましろや》》

大分県由布市湯布院町湯平

温泉街中心部の石畳の坂道。江戸時代に発生した土砂崩れの際、地元有志の手で敷設されたものだという。誰もいない静寂の世界、赤い光が支配する山奥の温泉街……。完成された「鄙びの美」だと思う。